"新师范"建设丛书

广东省教育科学"十三五"规划课题（2017GXJK030）阶段性成果

混合式教育实习模式的理论与实践

彭上观　林天伦　熊建文＼著

广东高等教育出版社
Guangdong Higher Education Press
·广州·

图书在版编目（CIP）数据

混合式教育实习模式的理论与实践/彭上观，林天伦，熊建文著. —广州：广东高等教育出版社，2020.8
ISNB 978-7-5361-6780-3

Ⅰ. ①混… Ⅱ. ①彭… ②林… ③熊… Ⅲ. ①师范教育-教育实习-研究 Ⅳ. ①G652.44

中国版本图书馆 CIP 数据核字（2020）第 104013 号

出版发行	广东高等教育出版社 地址：广州市天河区林和西横路 邮政编码：510500 电话：（020）87553335 http://www.gdgjs.com.cn
印　　刷	佛山市浩文彩色印刷有限公司
开　　本	787 毫米×1 092 毫米 1/16
印　　张	13
字　　数	247 千
版　　次	2020 年 8 月第 1 版
印　　次	2020 年 8 月第 1 版次印刷
定　　价	39.00 元

作者简介

彭上观 博士研究生，助理研究员。现任华南师范大学教务处教师教育科科长。兼任广东省“新师范”建设指导委员会秘书处秘书，广东省教师教育联盟秘书处秘书，华南师范大学“新师范”发展委员会秘书、“新师范”建设办公室秘书，广东省初等数学学会副秘书长，广东省普通高考华南师大评卷场评卷办公室主任。

主要从事教师教育及数学教育研究。主持广东省教育科学规划课题、广东省本科高校教育教学改革项目、广东省教育研究院中小学数学教育专项课题等省级、厅级课题 4 项，校级教改项目 2 项；发表论文 20 多篇；出版专著（教材）3 部；获得全国数学教育研究会国际学术研讨会论文一等奖 1 项、广东省初等数学学会第二届第二次优秀论文奖特等奖 1 项、广东省高中教师职务培训优秀组织者奖 1 项、广东省教育教学成果（高等教育）二等奖 1 项、华南师范大学教学成果一等奖 5 项。

林天伦 博士、教授、博士生导师，现任华南师范大学附属南沙中学校长。兼任广东省“新师范”建设指导委员会副主任委员兼秘书长，教育部师范类专业认证专家。曾任华南师范大学教务处副处长、教师教育学部副部长，第十一届广东省人民政府督学；曾担任广州市中小学优秀校长培养工程、广州市基础教育系统新一轮“百千万人才培养工程”以及广东省中小学新一轮“百千万人才工程”名校长培养导师以及广东省本科高校教师教育教学指导委员会副主任委员兼秘书长；曾任广东省罗定中学校长。

主要从事教育管理、教师教育、学校发展与规划等研究工作。在《教育研究》等核心期刊发表论文 40 多篇，其中多篇被《新华文摘》、中国人民大学书报资料中心《中小学学校管理》等刊物转载。获广东省普教系统首届“南粤教坛新秀”特等奖、“全国中小学外语教师园丁奖”、“南粤优秀校长”、“中学特级教师”、“全国劳动模范（先进工作者）”等称号，获广东省教育教学成果（高等教育）二等奖。

熊建文 博士，二级教授，博士生导师。现任华南师范大学教务处处长。兼任教育部师范类专业认证专家委员会秘书处成员、教育部评估中心师范类专业认证专家组成员、教育部本科教学审核评估专家、广东省本科教学管理学会副会长、广东省高等教育学会常务理事、广东省教育学会物理教学专业委员会理事长等。

主要从事光电技术教学研究及教学管理工作。先后主持国家自然科学基金等科研项目8项、省级教改项目多项；发表了SSCI、SCI及EI检索论文40余篇，获授权发明专利、实用新型专利6项；主编粤教版高中物理教材。曾获得广东省科学技术奖，国家教学成果二等奖，广东省教育教学成果（高等教育、基础教育）一等奖、二等奖等共8项。

序

教育实习作为师范培养不可或缺的环节，历来受到教师教育者的关注。如何提升教育实习的质量，是师范教育工作者一直在孜孜不倦地探索的问题。随着教师教育进入了新时代，传统的做法也存在一些亟须改进的地方。

1999 年，华南师范大学在全国率先实行了“混合编队”教育实习模式，解决了当时的“三不”局面：中小学不欢迎实习生，大学教师不愿意带队，实习生不满意。在当年高校大规模扩招，师范院校向综合性大学转型的背景下，这种模式的实践产生了非常积极的作用。经过 20 多年的发展，在“混合编队”教育实习模式实施过程中出现的问题日益凸显：第一个是实习指导不足的问题。大学仅仅是派出带队教师，而没有针对不同的学科进行学科指导，中小学的指导教师指导力量参差不齐，大学教师与中小学教师没有形成指导的合力。第二个是缺少系统的过程性评价问题。指导教师只是凭借经验，或者个别的交往片段来评价实习生，大学教师也仅依靠实习结束的汇报课来简单评判。第三个是大学教师与中小学教师协同发展的问题。以往的教育实习，更多的是单向度的，中小学对接收实习生的积极性不高，因此难以形成一个大学教师与中小学教师协同发展的共同体，以促进各方的互动合作共赢。第四个是实习资源分散、平台不统一的问题。以往的实习资源大多数是通过 QQ 群、微信群等方式联系，资源过于分散，平台不统一，不利于师范生整体的交流，不利于资源的共建共享。

2015 年，华南师范大学在总结“混合编队”教育实习模式多年实践经验的基础上，基于“互联网 + 工作坊”信息技术提升师范生教育实习质量的路径，提出了“混合式教育实习模式”。经过 2016—2019 年 4 年的大规模实践，摸索了一些做法，积累了一些经验，现加以总结提炼，分享出来供师范教育同行借鉴。

作为该模式的实践者，本书作者积极探索，认真思考，并依托混合式教育实习模式，申报了广东省教育科学“十三五”规划课题、广东省本科高校教育教学改革项目，进行深入研究、系统梳理，得到理论提升，相关成果获得了第十届华南师范大学教学成果一等奖，现在将其整理成专著出版，可喜可贺。

综观全书，可以发现，该研究设计合理，措施得力，效果良好。通过借助学校开发的砺儒实习工作坊平台，汇聚共享优质实习资源；组建高水平师资队伍，促进师资专业协同发展；科学设置指导内容，强化实习互动针对性；创新实习指导方式，提升实习指导有效性；建立多元评价体系，融合结果与过程评价。实践证明，该模式在强化师范生的实习指导、提升教育实习质量方面具有重要的促进作用。

该研究在创新上，至少有以下三个方面是可圈可点的：

一是模式新，依托“互联网+”，构建“五结合”实习指导新模式。

在国内首次提出并实践混合式教育实习新模式，为师范院校提高教育实习质量提供可复制的样例。基于“互联网+”教育实习工作坊，建成“线上指导与线下指导相结合、集中研讨与分散实习相结合、大学教师指导与中小学教师指导相结合、教师引领与同伴互助相结合、预设指导与问题驱动相结合”的“五结合”实习指导新模式，解决了以往混合编队实习中专业教师指导不足的问题，构建了一种新的实习模式——混合式教育实习，切实提升了教育实习的质量和水平，从而促进教育实习从“混合编队实习”走向“混合式实习”的新阶段，为兄弟院校提供范例。

二是机制新，通过工作坊机制，建立教师专业成长共同体。

通过工作坊，凝聚了大学学科教育的专家教授、重点中小学的名师、师范生——未来的准教师等三方面的力量，就教育、教学的实践问题进行深入的交流，能促进大学教师、中小学教师和师范生互动学习，共同成长，成为三方实践学习、提高的便捷平台和学习的精神家园。

三是平台新，建构创生资源平台，汇聚优秀的教学资源。

通过工作坊，可以将师生在指导与互动的过程中产生的一些好想法、好做法，以及在此过程中形成的各种文档、图片、视频材料等整合，为师范生的培养、新教师的专业成长提供鲜活、真实、有效的素材资源，还可进一步利用优秀校友、特级教师、正高级教师、年轻骨干教师、师范生，以及各类竞赛获奖选手、优秀实习生的授课视频、比赛视频、优秀教学设计等资源。这些都是实习生、准教师学习的好素材、活榜样。

希冀本书的出版，能为师范教育同行在教师教育改革，特别是教育实践方面提供启发和借鉴。同时期盼有更多的教师教育工作者，锐意改革探索，不断开拓创新，共同为造就新时代更多更好的卓越“四有”好教师而不懈奋斗。

是以为序。

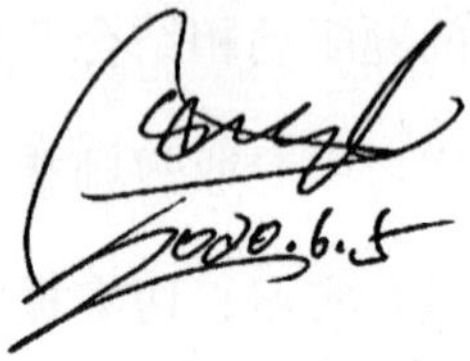

［沈文淮：理学博士，二级教授，博士生导师。历任华南师范大学数学系副主任、数学科学学院院长、教务处处长。2011 年 1 月起任华南师范大学副校长。1993 年获国务院政府特殊津贴，1997 年入选全国“百千万人才工程”第一、二层次人选。发表学术论文多篇，研究成果曾获广东省自然科学奖三等奖、二等奖和教育部科技进步奖（基础类）三等奖。］

目 录

第一章 为何提出混合式教育实习模式

习近平总书记指出："一个人遇到好老师是人生的幸运，一个学校拥有好老师是学校的光荣，一个民族源源不断涌现出一批又一批好老师则是民族的希望。"①《广东"新师范"建设实施方案》也明确提出：教师教育是教育事业的"工作母机"，其发展水平直接决定着整个教育事业的发展水平②。而高师院校培养的师范毕业生，是中小学教师队伍的主要来源。教育实习则是培养师范生实践能力不可或缺的重要环节，是师范生发展教书育人实践性知识、练就教育教学能力、增强职业认同、养成良好师德师风的关键环节，是培养师范生服务国家、服务人民的社会责任感的重要载体。如何保障教育实习的有效开展，是长期以来师范院校不懈探索的课题。

本章将从教育实习在师范生职前培养的重要地位、国内目前普遍采用的混合编队实习模式的不足、"互联网+"技术、工作坊的应用等维度，阐述混合式教育实习模式提出的必要性。

第一节 教育实习是师范生培养的重要环节

一、教育实习是师范生培养中不可或缺的部分

（一）教育实习是教师专业成长的内在要求

教师专业化是当今世界教师教育和师资队伍建设的共同趋势，也成为当前我国教师教育改革的焦点问题。教师教育职前阶段（即师范教育环节）对

① 习近平：扶贫必扶智 阻断贫困代际传递［N］. 新京报，2015-09-10（A05）.

② 广东省教育厅. 广东"新师范"建设实施方案［EB/OL］.（2018-02-01）［2019-12-20］. http://edu.gd.gov.cn/zxzx/xwfb/content/post_1600166.html.

教师专业化具有举足轻重的地位和作用。教育实习作为师范教育中一个重要的环节，有不可或缺的作用。

教师作为一个专业化的职业①，具有其自身内在的规律性。其中，一个突出的特点是：教师是一个离不开实践的职业。纵观古今中外教师培养培训体系中，教育教学实践能力均是教师的看家本领。教育实习是教师专业成长的必经之路。

（二）教育实习是理论联系实践的客观需要

教育实习是理论联系实践的桥梁和纽带，是促进学生学以致用的重要途径，是促进高校与中小学合作的契机，也是培养适应教育教学改革与发展需要的合格教师的重要环节。

通过教育实习达到如下目的：

（1）加深对中小学生身心成长与学习认知规律的认识、对教育教学工作的理解，牢固确立从教信念与理想。

（2）应用、巩固与发展所学的教育教学基本理论、专业知识和基本技能，提高独立工作及与人沟通、合作的能力。

（3）检验教师职前培养质量，及时发现、改进存在的问题，促进培养质量提升。

（4）加强与各中小学的联系，共同研究解决教育教学中出现的新问题，巩固、发展与基础教育学校的合作关系。

（三）教育实习是分量最重的一门必修课

教育实习是师范生在指导教师的指导下，将所学的专业基础知识、基础理论和基本技能，综合运用于中小学教育实践，培养从事中小学教学工作能力的一门重要的实践性课程，其对师范生的专业发展具有不可替代的特殊作用。教育实习的质量和水平以及改革的成功与否，将对能否顺利实现教师专业化有重要的作用和意义。

在师范生培养的课程体系里，就单门课程这个角度来说，教育实习可以称得上是分量最重的一门必修课了。

一是修读时间长。传统的师范课程设置中，教育实习一般是安排6~8周。而教育部从2007年开始，要求教育实习时间延长到一个学期。②

---

① 教育部师范教育司. 教师专业化的理论与实践［M］. 北京：人民教育出版社，2003.

② 教育部文件. 教育部关于加强师范生教育实践的意见［EB/OL］.（2016-04-07）［2019-12-20］. http://www.moe.gov.cn/srcsite/A10/s7011/201604/t20160407_237042.html.

二是所占学分多。以往一般教育实习在总学分中占 6～8 个学分。但自从延长至一个学期后，其所占的学分数有大幅度的攀升。以华南师范大学为例，在 2018 年版师范生培养方案中，教育实习所占学分已达到 16 个学分。

二、教育实习日益受到各方的重视和关注

（一）做好实习工作是提高师范培养质量的保障

2016 年，教育部专门就教育实践发文，提出了关于加强师范生教育实践的九点明确意见："明确教育实践的目标任务；构建全方位的教育实践内容体系；丰富创新教育实践的形式；组织开展规范化的教育实习；全面推行教育实践'双导师制'；完善多方参与的教育实践考核评价体系；协同建设长期稳定的教育实践基地；建立健全指导教师激励机制；切实保障教育实践经费投入。"① 这为举办教师教育的院校在教育实习的目标任务、内容体系、实习形式、管理规范、双导师、评价体系、基地建设、激励机制、经费保障等提供了方向和指引，促使相关院校更加注重教育实习的高质量推行。

（二）实习质量是衡量师范专业办学水准的依据

在教育部出台的师范类专业认证办法和标准②中，"合作与实践"是一个重要监测模块。其中"4.3 实践教学"认证标准特别提到："实践教学体系完整，专业实践和教育实践有机结合。教育见习、教育实习、教育研习贯通，涵盖师德体验、教学实践、班级管理实践和教研实践等，并与其他教育环节有机衔接。教育实践时间累计不少于一学期。学校集中组织教育实习，保证师范生实习期间的上课时数。"同时，在协同育人、基地建设、导师队伍、管理评价等方面提出了师范类专业认证的要求。

---

① 教育部文件. 教育部关于加强师范生教育实践的意见［EB/OL］.（2016－04－07）［2019－12－20］. http://www.moe.gov.cn/srcsite/A10/s7011/201604/t20160407_237042.html.

② 教育部关于印发《普通高等学校师范类专业认证实施办法（暂行）》的通知［EB/OL］.（2017－11－06）［2019－12－20］. http://www.moe.gov.cn/srcsite/A10/s7011/201711/t20171106_318535.html.

（三）强化实习能力培养是新师范建设的重要举措

广东省教育厅在全国率先提出建设“新师范”①，并提出了十大建设举措，其中之一是“深化人才培养模式改革，强化师范生实践能力培养”。对如何强化教育实习工作提出了许多具体的措施，主要包括：研究制定《广东省师范生实习管理办法》，构建包括教学观摩、学校体验、案例教学、主题研讨、探究反思等环节的全程实践教学体系；保障生均教育实践经费支出不低于学校平均水平，每 20 个实习生不少于 1 个教育实践基地；落实教育实习时间至一个学期，将见习、实习、研习科学分配至师范生培养全过程；实行高校教师与优秀中小学教师共同指导教育实习的“双导师”制度。加大教育硕士培养的实践性课程比重，加强教育硕士职业发展跟踪，积极深化教育硕士的培养模式改革。

（四）教育实习是师范生增强就业竞争力的重要路径

师范毕业生就业应聘，试讲是必不可少的一环。而教育实习则是提高试讲能力和求职应聘竞争力的重要途径，在教师未来的专业发展中，教育实习也具有重要的奠基作用。教育实习是不断学习、不断提高的过程。在师范生实习成长的过程中，暴露不足，发现问题，而且有专业的教师给予指导，有友爱的同伴给予帮助，所以，师范生应当好好地利用教育实习这个良好的契机，刻苦实践，努力磨炼，持续提高自己的内功，为求职、为未来奠定坚实的基础。

三、教育实习还存在一些薄弱环节

近年来，我国教师教育改革持续推进，师范专业各相关院校均结合各自的实际，出台了不少措施，保障教育实习有效进行。虽然师范生教育实习在不断加强，但是还存在着目标不够清晰、内容不够丰富、形式相对单一、指导力量不强、管理评价和组织保障相对薄弱等问题。②

师范生教育依然是教师培养的薄弱环节，师范毕业生的教育教学能力尚不能

---

① 广东省教育厅. 广东“新师范”建设实施方案［EB/OL］.（2018－02－01）［2019－12－20］. http://edu.gd.gov.cn/zxzx/xwfb/content/post_1600166.html.

② 教育部文件. 教育部关于加强师范生教育实践的意见［EB/OL］.（2016－04－07）［2019－12－20］. http://www.moe.gov.cn/srcsite/A10/s7011/201604/t20160407_237042.html.

完全适应中小学（含幼儿园、中等职业学校、特殊教育学校，下同）的需要。因此，持续推进师范教育实习的改革，强化教育实习的指导，不断提升教育实习的质量，是师范教育同仁责无旁贷的，也是我们本研究的出发点和落脚点。

第二节　国内外教育实习发展现状及其瓶颈

一、国外教育实习发展概况

为更全面、更深入地了解师范教育中教育实习的情况，本节通过介绍国外教育实习的发展概况，特别是一些西方发达国家教育实习的有关经验，有选择地吸收其中成功、有效的做法，洋为中用，构建新时代中国特色的教育实习体系，提高教师教育质量。

（一）国外教育实习的目标定位①

教育实习的目标将决定实习的内容、方式、评价、管理等实习的各个方面。所以，西方国家大多数都非常重视教育实习目标的合理定位，以确保教育实习的效果。

以美国为例。教育实习的目标来自于学生自己，通过对大学毕业班学生的调查问卷反映出来。美国教育实习目标的有机组成部分为：熟悉和理解学生；获得自信；制订并执行教学计划；获得管理一个班级的可靠经历；验证自己是否适合教师这一职业；理解作为一名教师的责任；更好地理解教师工作；改善自己的教学观；发展个性；与其他教师共事的机会。为实现上述目标，教师培养机构必须提供指导和帮助。在这个意义上，实习生的实习是否成功，取决于合作及对指导的理解和接受程度。美国为此制订了 22 条指导原则，以下仅选部分加以介绍：

（1）指导人员和合作人员应该把实习生看作是正在成长的人，而不是一个完善的成熟的教师。

（2）大学指导教师、实习学校指导教师及学生应该共同帮助实习生完成他的实习任务。

---

① 郑东辉，施莉. 国外教育实习发展概况及启示［J］. 高等师范教育研究，2003（5）：69－74.

（3）实习生行为的评价应与他对学生的所作所为相联系。

（4）实习应安排在大四前，这样能使学生用学过的理论和学科知识来解决在实习中碰到的问题。

（5）提供实习生在实习期间多一些其他的非本学科的经历。

（6）第一次实习应尽可能安排在最好的学校里，另外的实习最好安排在典型的情境里。

（7）实习生应尽可能经历在职教师的全部活动。

总之，应尽量将实习活动建立在实习学生的需要和兴趣基础之上，并应对实习生作为一名教师同时作为一名学习者有用。广泛的和各种各样的经历支持着未来教师的发展，这种支持不仅是一名称职的教师意义上的，也是一名有责任心的公民和个体意义上的。也就是说，实习的目的和原则不只是为了将来的教学做准备，还更要考虑到教师作为一名个体的最佳成长。

（二）国外教育实习的时间及安排

"实习时间在总量上越来越充裕"是当前世界各国教育实习发展的一个总趋势。譬如，在英国，师范生一般至少要花 15 周时间在中小学的实际教学环境中进行观摩和实习教学。实习期间，实习教师和正式教师一样，每周在校工作 5 天，每天 8 小时，全程参与学校生活，观摩经验丰富的教师上课，实践教学技能。又如，在其他一些欧美国家，师范生实习时间更长，在 15 周的最低保障时间的基础上，美国多则半年，法国 27 周，德国则多达 72 周共 18 个月。

关于实习时间的具体安排，各个国家在研究、探索、尝试的基础上，有不同的做法。但总体的情形是：教育实习的时间分散贯穿在整个大学生活。譬如，在英国，承担教师教育的高校在一、二年级，安排学生每周半天到中小学见习，在三年级或四年级时，进行一次集中顶岗实习，学生以两人为一组，深入到一个班级，参加学校的全部活动，没有工资，被耽搁的学习时间可向后延续半年或一年毕业。美国各个州的情况有所不同，但基本上是分两次，第一次是教育见习，第二次是毕业前集中教育实习。俄罗斯的师范生不但实习时间长，从一年级到毕业每一学期都安排有实习，而且实习形式多样，实现了教育实习的制度化、序列化、系统化。

在实习时间及安排上，这些国家摒弃了过去单一的集中式、连续式的教育实习，取而代之的是：在整个大学期间进行多次教育实习，将实习时间分散贯穿于大学各个学习阶段，在总量上延长了实习时间，在安排上突出阶段性和延续性的结合。

（三）国外教育实习的构成

总体上看，西方各国的教育实习大都由模拟实习、见习、实习等部分构成，我们称之为教育实习三大构成。不同国家在教育实习实践操作中既各有侧重，也各具特色。

模拟实习是教育实习的初始阶段，在美国运用较为广泛，基本上在教育学院或实验室内进行。通常采用微格教学的方法，利用声像手段对师范生应掌握的各种教学方法、技巧进行选择性模拟，对学生的讲授进行录像后由指导教师做出客观的评价与分析，让学生形成清晰的自我图式，并熟练掌握整个教学过程的各种技能。这为师范生的正式实习奠定了良好的技能和应用方面的基础，避免实习的突兀性。这类似我国的微格训练。

见习是教育实习的前奏，是正式实习前的练兵。在英国、德国、日本运用较为普遍。主要让学生了解中小学教学实际，协助中小学教学工作，并承担一定的工作量。见习从大学一年级开始贯穿于二、三年级。譬如在日本，他们将教育实习分为观察、参与和实习等三个步骤，其中，观察和参与就是见习。观察的目的在于客观地掌握以儿童的实情为中心的整个学校的教育活动，以便找到参与教育实践的途径。参与是指实习生积极投入教育活动，体会教师的意图，作为教师的助手与儿童直接接触，完成引向“实习”的任务。

实习是指在大学指导教师的指导下，实习生到校方认可和联系的中小学开展教育教学。具体形式有俄罗斯式教育实习、顶岗实习、专业发展学校、临界实习等。俄罗斯式教育实习按教育见习中的实习、暑期教育实习、中小学教育实习来完成具体的实习任务。“教育见习中的实习”的方法：观察普通学校教师在校内外教育机构的活动，了解学校生活的各个方面，还需要完成一些具体任务，如观察上课、组织和领导学生参观、指导课外小组等。“暑期教育实习”即师范生在暑期独立担任少先队员夏令营的辅导员和指导员，在二、三年级结束之后进行。“中小学教育实习”即到所要实习的学校和班级进行详细认真的考察，包括听课、了解课程设置和教学法，完成课外、校外任务，做学生的个别工作，参加教师教学小组活动，进行所教学科的讲授，在三、四、五年级进行。

顶岗实习在美国比较普遍，即实习学校的教师脱产参加在职培训时学校需要人手的情况下，实习生作为实习学校的正式教师从事教育教学工作，每月领取一定数额的工资，工资一般为刚参加工作教师的一半。实习生一般在假期就提前到达实习学校，做好各方面的准备。每周上两次课，大学指导教师每月去实习学校至少两次。

此外，美国还以实习教师中心、专业发展学校等机构来配合和开展师范生的实习工作。专业发展学校（Professional Development School）是融教师职前培养、在职进修为一体的全新概念，它打破了中小学与大学之间长期的隔阂，成为在职教师学习和研究、实习生锻炼和成长的基地，促进了教师的专业发展，也为学校教育改革注入了活力。

临界实习。即安排小学教师实习生到幼儿园、初中教师实习生到小学、高中教师实习生到初中进行短期实习，这在英国、美国、日本较流行。通过这种实习方式，有利于实习生掌握学生身心发展的延续性和阶段性、稳定性和突变性，从而更好地教育教学。

（四）国外教育实习的内容

西方各国大多数都制作教育实习指导手册，对实习各方面做出翔实周全的规定。在英美教育实习过程中，其内容不限于纯粹的教学实习，还包括其他许多内容。在实习学校，实习生和在职教师同等要求，除课堂教学外，还参加校内一切活动，如准备开放日的教室布置、参加全体教职员工会议和在职训练活动、出席家长—教师会议等。除了这些显性内容外，还包括观察和熟悉实习学校的氛围、学习如何理解学生、如何创设良好的班风等隐性内容。实习生至少要有两周时间全面负责其所任课班级全部教学活动的计划、实施和评价工作。而且，实习学校还鼓励实习生掌握多个年级的教学经验，在音乐、艺术、体育和特殊教育等方面有个人专长或兴趣的实习生，有机会在这些非自身专业的学科进行教学。

（五）国外教育实习的管理

1. 大学与中小学协同合作

在英美教育实习管理中，一般由地方教育行政部门成立教育实习工作领导小组，统一领导教育实习工作。小组成员由教育行政部门的官员、大学派出的专职教育实习指导员和实习学校代表组成。小组的任务是制订教育实习计划、分配实习生、组织教育实习和实习评价等工作。每个学期，大学把实习生名单交给地方教育行政部门，由教育实习工作领导小组负责全部工作。通过这样的管理方式，地方教育行政部门、大学和实习学校共同参与到教育实习的管理工作中来，能提高教育实习管理水平和教育实习的质量。其中，美国于 1911 年就开始建立大学与中小学合作培养教师的联合体，即由大学的教师和中小学主讲教师紧密合作，共同制订实施教育实习计划。英国的合作管理形式是由实习学校、地方教育当局和大学教育学院的代表组成“伙伴关系指导小组”，作为领导机构，并为实习制订指导原则和目的。

2. 对实习指导教师的要求

在美国，对实习指导教师的要求比较具体而严格，规定了实习指导教师的素质与行为要求。实习指导教师包括大学和中小学指导教师。对大学指导教师的要求，按规定部分或全部地承担起指导实习生的活动，确保实习生开展活动时的关系和条件。具体包括：一是课前课后讨论中所应采取的策略和风格、指导实习生学习和发展、教导如何用心表达自己的观点和理念；二是寻找最好的方式让中小学教师参与实习生的指导与评价；三是解决大学教师作为指导者和评价者的不同角色中所产生的困难；等等。相应地，实习学校指导教师责任，规定其工作包括三大方面：一是搞好教学，并处理好那些不可避免的伴随教学而产生的其他非教学性质的任务。二是向实习生提供直接的指导和帮助。如教学示范，为实习生尽可能提供教学机会观察，并给实习生的教学提供意见，帮助准备教学计划，等等。三是在班级里乃至在整所学校里，创造一种能促使实习生取得最大成功的环境，包括为实习生创设受学生、家长以及全校同事欢迎的情境和氛围。

3. 对实习生的评价与考核

在美国，对实习生的评价工作是一个持续不断的过程，目的是帮助实习生促进有效教学，提高教学水平和实习质量，包括实习生对所教学生的评价、实习学校指导教师对实习生工作的评价、大学指导教师对实习生工作的评价、实习生自我评价。对所教学生的评价是实习生实习活动中最具挑战的内容之一。实习生在实践中熟悉并运用一些常规评价手段，如标准成就测验、性向测验等，以及一些非正规测验，如教师自制的试卷以及和学生个别谈话等，还可以通过与学生家长打交道来完成评价。对实习生的评价，实习学校和大学的指导教师须持客观公正的态度，有接纳的胸怀，对实习生工作提出善意的、建设性的批评和意见。实习生自评的内容包括个性特点、教学准备、课堂管理以及专业态度等，通过自评发现自己的优缺点，总结经验，提炼教学理论。

在德国，对实习教师（实习生）的考核最为严肃，最具系统性。各类教师（基础学校教师、中学第一阶段教师、中学第二阶段教师）都必须参加为期两年的实习，才有资格参加第二次国家考试。第一次国家考试是在学业结束时，作为成为实习教师的前提条件。第二次国家考试是成为正式教师的资格考试，也是实习结束时对整个实习情况的考核。由教育厅厅长任命的考试委员会负责，委员会由高级学校督导、教师研习班负责人、指导教师、专家教授及有关官员组成。考试内容包括学科教学论文、试教、口试。其中论文以所教学科的教学计划、教导为主，论文成绩由两位专家评定，试教内容由实习教师自定，分量为试教一节课。

（六）关于教育实习的前期准备

教育实习的前期准备包括基本教育理论和基本教育技能两方面。各国集中表现出来的特点是，在大学期间重视教育类课程，课程门类多，教学时数多。其中，美国教育理论占教育总量（按普通与专业教育、教育理论、教育实践为总量计算）的25%，教育专业课程中的2/3为教育理论课程，并强调教师教育各部分——教育理论课程、学科专业课程、学科教学法及临床实践之间的内在联系。英国教育理论占35%，并突出培训教师职业技能，提出教师应具备27种职业技能并建立教师技能档案。课程门类相应增多，开设应用型较强的教学技能课，充实教学法课程内容，包括表达技巧、评估方法、备课、教学材料的选择和准备等。

此外，英美等国家还非常注重理论联系实际，改进教学方法，强调大学教师经常深入中小学教育实践，避免教育理论教学与中小学实际脱节的注入式教学方式，更强调师范生在教育实习之前的种种实际锻炼，以提高教育教学技能，提高知识和技能的掌握程度。

二、我国教育实习发展概况

（一）我国教育实习发展历程[①]

在我国，自古以来教育家们就非常重视实践，提出了许多很好的见解，为我们进行教育实习提供了大量的经验借鉴和理论源泉。教育实习，从古代躬行实践的思想，到如今以教学计划、文件、规章制度等形式确定下来的方针政策，其含义由广义的“行为重”到具体的教育实践，其形式由以见习为主的“游学”到以“操作”为主的实践，每一个变迁，都为后来者的研究积累了宝贵的经验。

1. 教育实习的萌芽阶段——古代的笃行教育思想

作为一个实践性的认识过程，教育实习与古代教育家们的重行思想有质的相通之处。古代教育家们非常重视理论联系实际，主张教育笃行，他们的

① 余小红. 我国教育实习的发展历程与研究现状［J］. 现代教育科学，2008（1）：124－128.

这种教育思想随处可以看到，如原始社会的“劳教合一”说、春秋战国时期的“行为本”说、宋代的“知先行重”说、明朝的“知行合一”说、清代的“格物致知”说等等。虽说有的强调行是知的必经过程，有的强调行是知的最终目的，有的则强调知行合一，但他们都认识到行在教育过程中的巨大作用，强调在学习过程中要重行。而且古之学者到一定时候总要“以旅游为形式，以学习为目的”单独或结伴出游。在旅游中接触社会生活，了解风土人情，考证历史事实，增长知识、培养能力，今人概称之为“游学”。对于游学的较早记载见于《学记》。游学最典型的实例当属《史记》之作者司马迁。这种“行为重”的笃行思想为师范教育实习的产生提供了坚实的理论基础。

2. 教育实习的产生阶段——清末民初的教习与演习

教育实习是在近代与师范教育同步产生的。早在 1886 年，梁启超在《论师范》一文中就指出：“以师范学堂之生徒，为小学之教习，而别设师范学堂之教习，使课之以教术，即以小学堂生徒之成熟，验师范学堂生徒之成就。”这实际上就是倡导师范生到小学去实习。1897 年，盛宣怀在上海创办了中国第一所专门培养师资的学校——南洋公学师范院，随之也产生了近代师范教育实习。1902 年和 1904 年，清政府对实习做了明文规定：京师大学堂第四学年实习，优级师范学堂第四学年“教授实事演习”，第五学年“教育演习”。这项规定使我国的教育实习以制度的形式确定了下来。虽然近代教育实习制度是以模仿外国经验为主，带有很大的局限性，但它有实习基地、指导教师、章程制度等，已具备教育实习之雏形，对促进师范教育的发展、提高师资水平起到了一定作用。

3. 教育实习的发展阶段——新中国成立前后的参观、见习与实习

新中国成立前，由于当时的政治形势所限定，教育实习的形式也形成了共产党领导的革命根据地和国民党统治的国统区两大类型。老根据地的农民讲习所在其教育计划中安排三周的参观、见习和实习，这是社会主义教育实习的萌芽。由于战争的影响，我们党在教育实习方面积累的经验不是很丰富，但它却具有马克思主义因素，为建立和完善社会主义的教育实习制度提供了十分宝贵的基础经验。在国统区，延续并发展了近代的教育实习，到 20 世纪三四十年代逐步趋于完善。1943 年 8 月，国民政府教育部公布了师范学院学生实习办法，这是我国关于教育实习的第一个专门工作条例。

新中国成立以后，各级各类师范教育都得到了充分的发展，教育实习也在原有的基础上有了更大的发展。1952 年 7 月，教育部颁布了《关于高等师范学校的规定（草案）》。以此为据，北京师范大学在苏联专家的亲自指导

下进行了三次大规模的教育实习，成效十分显著。随后的几年，国家一再颁布有关教育实习的规定。在这一阶段，教育实习的发展得益于陶行知和毛泽东等伟大的教育家、思想家的理论指导。陶行知重视师范学校的教育实习，更重视师范学校附属小学的建设。他提出了“行是知之始，知是行之成”“教学做合一”“理论与实习合为一炉而冶之”[①] 等教育理论，对今天的师范教育仍有很大的现实指导意义。毛泽东的《实践论》是对马克思主义认识论的重大发展，也是我们进行教育实习的指导思想。他指出：“人类认识运动的总规律是实践、认识、再实践、再认识。这种形式，循环往复以至无穷，而实践和认识之每一循环的内容，都比较地进到了高一级的程度。”[②]

4. 教育实习的兴盛阶段——十一届三中全会以后的教育实习

在十年动乱时期，教育事业受到了干扰和破坏，教育实习也被取消了。1978 年党的十一届三中全会以后，教育实习制度得以恢复，并获得不断发展。

20 世纪 80 年代以来，加强理论联系实际、重视教育实习、注重在实践中掌握教育理论、培养教育技能已成为师范教育改革的共同趋势，我国的师范教育实习获得了快速发展。教育实习成为师范教育和教学工作的重要组成部分，是对师范生进行实际教育和教学工作能力初步训练的基本形式，是强化教师职业技能训练的最重要、最有效的办法。

也正因于此，当代教育工作者们认真总结教育实习的经验和教训，并对教育实习进行了广泛、深入、系统的研究。教育实习进入了兴盛阶段。

（二）我国教育实习的主要模式

经过查阅文献梳理，我国目前存在的各种教育实习模式，大体上可分为五类：单科统一编队模式、多科混合编队模式、顶岗实习教育实习模式、自主式教育实习模式、全委托式教育实习模式等。[③]

1. 单科统一编队模式

单科集中定点教育实习模式是按实习生的专业或班级分为若干实习小组，由专业指导教师带队，相对集中在一个或几个实习基地学校进行教育实习的模式。

---

① 陶行知. 陶行知全集：第 2 卷［M］. 长沙：湖南教育出版社，1984：209.

② 毛泽东. 毛泽东选集：第 1 卷［M］. 北京：人民出版社，1970：273.

③ 郑婕. 高等师范院校教育实习模式的比较研究与建议［J］. 湖北师范学院学报（哲学社会科学版），2007（2）：130－132.

（1）单科统一编队模式的优点。

第一，便于管理。各个教学单位各自统一管理、统一编队，可以根据各专业的特点，灵活安排各种有针对性的指导工作和活动，管理起来比较方便。

第二，指导到位。有带队指导教师的跟队指导，可以随时有效地跟实习学校各层级领导和教师协调、沟通，出现问题比较容易解决，如果实习队伍不是太大，便于指导教师随时针对具体问题加以指导，带队教师和实习学校教师的指导会比较到位，实习质量也比较有保证。

（2）单科统一编队模式的缺点。

第一，实习基地接纳能力有限。由于实习生来自同一专业，因此实习基地学校接纳实习生的数量有限。实习学校指导教师人数有限、班级有限、住宿和办公场地有限的话，工作开展起来就会有一定的困难，往往实习生得到的有效指导较少，能够获准正式上课的课时也较少，得到的实习锻炼机会就较少，实习质量会打折扣。后勤条件不足也会对实习生的实习工作造成一定的负面影响。

第二，大学指导教师数量不足。由于各专业、各实习小组均需派指导教师，因而加重了师范院校的人力、财力负担。大学教师由于科研压力大，目前很多教师不愿意实地跟队去带实习。

第三，实习开展活动相对单一。由于实习生来自同一专业，实习生在开展活动时，形式单调、内容单一、活动效果差，不利于新形势下对新型师资的培养。

2. 多科混合编队模式

多科混合编队模式教育实习是将多个不同专业实习生按实习基地学校的需要进行合理搭配，将多个专业的学生混合编排组队，选派 1 名带队教师进行教育实习的模式。

（1）多科混合编队模式的优点。

第一，有利于师范大学统筹去跟实习基地学校对接。避免各二级单位各自为政，各自去建立实习基地的麻烦和混乱。

第二，可以缓解师范院校选派指导教师的困难。

第三，实习基地学校接纳的实习生数量多。

第四，有利于实习生开展形式多样、内容丰富、效果好的教学、教研活动和课外活动，有利于实习生综合素质的锻炼和培养。

第五，有利于发挥实习生各专业知识的互补优势、互动的整体优势，有利于在教育实习中推进素质教育。

（2）多科混合编队模式的缺点。

第一，师范院校的带队教师无法深入具体学科指导。

师范院校委派的带队教师，负责多个实习学校，每个实习学校又有多个不同专业的实习生，因此，带队教师更多的是起面上的组织协调、沟通联络的作用，一般没有深入学科指导。

第二，中学指导教师水平参差不齐，难以保障质量。

由于学科指导基本上是由中学教师负责，而不同学校的教师，甚至同一个学校的教师，指导的责任心和专业水平都差异较大，这就难以保障大部分实习生的实习工作得到有效的指导。

3. 顶岗实习教育实习模式

顶岗实习教育实习分为定向就业顶岗实习模式和置换培训顶岗实习模式两种。

（1）定向就业顶岗实习模式。

定向就业顶岗实习模式是将实习生按招生来源和就业去向编成实习小组，由实习学校所在地市、县教育主管部门组织安排进行教育实习的模式。

①定向就业顶岗实习模式的优点。

第一，实习学校愿意接受实习生，并认真组织实习工作。

教育实习的质量与实习学校的教育质量直接相关，实习生毕业后基本上都要回家乡或回母校任教，实习学校要求他们尽快适应环境，胜任教师工作，就必须将教育实习纳入实习学校的教学计划中，认真组织实施实习工作，指导实习生的教育实习。

第二，地方教育主管部门重视教育实习工作。

因为实习生的素质与本地区未来师资队伍的整体素质息息相关，因此师范院校教育实习的质量直接关系到地方教育主管部门所需师资的质量。

第三，实习生参与实习的积极性和主动性高。

实习生回乡或回母校实习，比较亲切，有利于调动实习生的积极性，增强实习生的主体意识。将实习生教育实习的去向和成绩与他们就业的去向紧密联系起来，实习生将会更加主动积极地进行教育实习。实习生在自己的家乡或母校实习，教育实习工作态度的好坏不仅直接影响实习生自己的声誉，同时也影响到地方教育主管部门和招聘学校对自己的挑选。

第四，实习生独立工作的锻炼机会较多。

教学上有可能涉及各种类型、各个年级的课程，实习班主任的工作内容丰富、工作量大，有利于实习生独立工作能力的培养、锻炼和提高。

第五，充分体现了实习生（毕业生）与实习学校（用人单位）间的双向选择。

让用人单位实地了解考查实习生的组织管理能力、教学实践能力，同时也有助于实习生了解实习学校的教育思想与教学条件。

②定向就业顶岗实习模式的缺点。

第一，不利于师范院校的统筹安排和管理。

第二，师范院校对实习指导跟进不到位。

第三，对个别积极性不高的实习生，实习效果大打折扣。

有部分实习生，由于反正是定向就业，包分配，做好做差都有兜底，所以，向上奋发的斗志不足，导致影响了实习效果。

（2）置换培训顶岗实习模式。

“顶岗实习、置换培训”是一种全新的教学实践模式。通过顶岗实习的实践，缩短了师范类毕业生在新的工作岗位的适应期，而农村中学教师又接受了再教育。其实施，不仅学生受益，农村中学教师受益，而且也使地方教育部门受益，农村学校受益，可谓一举多赢。它畅通了高师教育与基础教育、高等学校与社会的渠道，对教师教育、基础教育的改革发展和社会主义新农村建设具有积极的意义①。

①置换培训顶岗实习模式的优点。

第一，师范生到农村中小学顶岗实习，得到了全方位的锻炼。

第二，农村中小学教师重返高校接受培训，加快了专业发展进程。

第三，不仅学生受益，农村中学教师受益，而且也使地方教育部门受益，农村学校受益。

②置换培训顶岗实习模式的缺点。

第一，学生思想认识模糊，岗位适应能力差。②

一方面，在学校学习期间，学生属于在校学生，无任何实际工作经验，当真正走进实习单位参与实践教学活动，思想上难免产生波动，如怀疑自身所学知识能否适合中小学校岗位要求。同时，在实习单位，学生的身份发生转变，具有实习学生与教师双重角色，接受院校和实习单位的共同管理，实习生角色转换难免不充分。另一方面，由于顶岗实习期间，正值考研、考公务员、找工作的高峰期，学生很难真正静下心来安心实习。

---

① 苏勇．顶岗实习 置换培训：构建师范生教育实习与农村中学教师培训一体化新模式［J］．教育研究，2009，30（8）：104－107.

② 潘玉琴．顶岗实习—置换培训模式中存在的问题及对策探讨［J］．教学与管理，2012（12）：50－51.

第二，实习指导教师缺乏，降低管理力度。

现阶段，高校一般不存在专职实习指导教师的现象。实习指导教师来源渠道单一，以兼职为主。实习指导教师主要精力放在自己的专业课程教学工作中，指导学生实习仅为兼职，在实习单位全力投入工作时常感到心有余而力不足。例如，一个班级40个学生，配置实习指导教师3名，实习学生却分散在不同中小学，有效管理的难度可想而知。实习指导教师仅能起到巡视、监督、信息反馈的作用，学校对学生的整体管理和指导功能处于弱化状态，实习学生主要通过自主管理，适应工作、生活与学习中出现的新问题。如果实习学生与基层中小学出现不和谐现象不能得到快捷、正确的解决，势必影响了顶岗实习—置换培训项目的效果。

第三，实习单位缺少有力配合，流于形式。

由于缺乏专项资金，实习单位难以保证实习生方方面面的需要，教学工作完成后，学生生活安排无能为力。另外，在实习生所在院校的实习指导教师缺位之际，同样作为实习单位的配置教师也应担任实习生的指导者。这些指导教师应该由具有深厚的学科背景、教学技术水平高超、热心培育人才的资深教师组成，但运作中实习单位更多的是考虑到其教学秩序、教学质量、社会效益等诸多问题，对实习生不够放心。尤其是小升初、初升高或高考毕业班，出于自身利益的需要，一般不愿意安排实习生参与教学实践。

第四，教师的培训缺乏实效性。

中小学教师培训的本质是促进教师专业化发展。主观方面，参加置换培训的教师对培训认识不够，自认为知识结构能够适应基础教育的发展，没有意识到置换培训的重要性，对培训效果的期望值比较低。客观方面，合作院校的培训项目难以满足教师的实际教学需要，不能够开展一对一的个性化培训，无法满足不同教师的差异需求；培训课程缺乏实践性，培训形式单一，以灌输式为主；集中培训中缺少相应的教学设施，如图书馆借阅、后勤服务等；任课教师学科水平参差不齐，外聘资深专家较少，甚至置换培训教师抱怨个别任课教师忽视基层中小学的教育教学现状和教师的实际问题，脱离实际，容易引起学生的反感，降低了培训效果。

4. 自主式教育实习模式

自主式教育实习模式是指师范院校凭实习生自行联系的实习学校同意接受该生实习的接受函，同意实习生到自行联系的实习学校进行教育实习的模式。

(1) 自主式教育实习模式的优点。

第一，实习学生分散、灵活安排在不同的实习学校。

第二，实习生获得的实践机会多。

实习学校教师指导的实习生人数少，实习生获得上课的课时较多，得到的实习锻炼机会就比较多，有利于激发实习生的主动性、积极性和创造性，增强其社会适应性，为即将走向社会积累经验。如果实习生比较自觉、勤奋，收获会比较大。

第三，实习学校可以提供的保障条件足。

由于人数少，实习学校往往可以为实习生提供比较好的住宿和办公等后勤条件，更利于实习生实习工作的开展。

（2）自主式教育实习模式的缺点。

第一，不便于师范院校对实习生进行管理和指导。

由于没有带队指导教师的驻点指导，无法随时有效地跟实习学校各层级领导和教师协调、沟通，出现问题不容易解决。

第二，不能保证每位实习生都会到实习学校进行教育实习。

如果实习生自控能力较差，学习的自觉性不高，没有带队指导教师的时常监督，实习的质量可能会打折扣。

第三，不能完全保证教育实习质量。

可能的情况是有的实习生只听几节课，更有纪律观念淡薄者干脆不实习，托熟人在实习成绩评定表上盖个章了事。这种可能出现的弄虚作假的情况将会影响教育实习的质量，影响师范院校的声誉。

5. 全委托式教育实习模式

全委托式教育实习模式是将各专业实习生按实习基地学校的需要进行合理搭配，将多个专业的学生混合编排组队，师范院校不派出带队教师和指导教师，将实习生委托给实习基地学校进行管理，聘请实习学校的教师进行具体指导和成绩评定而进行的教育实习模式。

（1）全委托式教育实习模式的优点。

第一，实习学校的积极性得以充分发挥。

第二，实习生的独立工作能力得到全面锻炼。实习生最需要教育教学实践活动的锻炼，由于师范院校不派出带队教师，使实习生不得不增强责任感和自信心，促使他们开动脑筋，想方设法解决实习中遇到的各种问题，自觉地锻炼了自己的能力，提高了自身的素质。

第三，缓解了师范学院派出带队（指导）教师的困难。

（2）全委托式教育实习模式的缺点。

第一，建设稳定的教育实习基地学校的难度较大。

第二，长期担任教育实习兼职指导教师难选聘。

在计划经济体制下，无论是教育主管部门还是实习学校都把接受教育实习作为应尽的义务。但随着市场经济的建立与发展，接受实习的学校需额外投入大量的人力、物力和时间来保障教育实习的开展，师范院校与实习学校之间因缺乏责、权、利等双向选择和调整的机制，造成师范院校与部分实习学校之间不能建立长期的合作关系，不能形成相对稳定的实习基地，在一定程度上影响了教育实习的质量。

三、教育实习指导中的问题与对策

教育实习是师范教育中的重要组成部分和重要环节，它是教师职前教育的必要阶段和基本形式。教育实习对于师范生了解中小学教育、巩固专业思想以及培养实际工作能力具有特殊的作用。但教育实习的这种特殊作用能否充分地发挥和体现出来，其中一个关键的因素就在于指导教师能否在师范生的教育实习中具有全面、科学和高效的指导作用。可以说，实习指导工作的好坏，直接影响到师范生实习的成败得失，如同教练水平的高低直接影响比赛的结果一样。

尽管在我国目前的师范教育实习中，对实习指导的规范和要求正不断得到完善和改进，指导功能也在不断增强。但是由于主客观方面的原因，在如何使实习指导在提高实习质量方面达到最优化的效果问题上，无论在理论上还是在实践中都很少被深入地探讨和研究过，很大程度上影响和制约了教育实习指导作用的充分发挥，从而影响了教育实习的质量。

综合相关文献，结合多年的教育实习指导和管理的经验，发现当前我国师范生教育实习的指导工作中，不同程度地存在以下六个方面的问题。①

（一）教育实习指导目标不明确、评价不规范

一些师范院校虽然也制订了教育实习的计划，召开了教育实习动员大会，但指导教师与实习生对于教育实习目标并不十分清楚，对教育实习的意义、目的以及具体内容、过程缺乏一个全面的、正确的理解和认识，从而导致指导教师和实习生在工作中产生很大的盲目性和随意性。此外，对如何考核和评定目标的实施也缺乏细化的指标，这就导致许多师范院校的教育实习热热闹闹走过场，应付了事无实效。师范教育实习的评价不规范主要表现

---

① 朱永新，杨树兵. 教育实习指导中存在的问题及对策［J］. 扬州大学学报（高教研究版），2001（1）：47－50.

在，对实习生的实习成绩评定只是由师范院校实习指导教师或实习学校教师给予一个分数或等级，而这个分数和等级的评定具有很浓的主观色彩，缺乏客观的评价指标，很大程度上影响了实习生积极性和主动性的充分发挥，从而影响教育实习的效果。

（二）实习指导教师资格标准和相关规定不完善

在实习指导教师的资格认定上缺少硬性标准和规定，这一点尤其表现在实习学校指导教师的选派上。

许多中小学在安排实习生时，为方便起见，往往把实习生安排在同一年级实习，并不加区分地指定这一年级中原班主任和学科教师分别担任各班实习生的班主任指导教师和学科指导教师，而并未从这些指导教师的思想素质、学识水平、教学技能以及指导能力等方面进行权衡考虑。另外，在有些中小学中，为了使师范院校的教育实习不影响学校的教学进度和质量，往往选择学校中最差的班级安排给实习生实习，而这些班级中的原班主任和任课教师在许多方面并不具备指导教师的标准和资格，指导教师水平和能力的不足在很大程度上影响了实习生的实习质量。此外，在师范院校选派的指导教师中，一般来说，基本上都能选择那些具备一定教学经验和学识渊博的教师担任，但是也有些师范院校在实习指导教师的安排上过分强调指导教师的学术水平，而忽视指导教师的教学技能和指导经验，以此尺度来作为实习指导教师的选择标准，未免有偏颇之处。更有少数师范院校在安排实习指导教师时，委派一些刚刚毕业留校的青年教师，而其难以胜任实习指导工作。

（三）教育实习指导内容不全面、不充分

虽然在许多师范院校的教育实习手册中规定了指导教师要从学科教学、班主任工作以及教育调查和研究三个主要方面对师范生进行全面指导，以培养师范实习生实际的教学和班级管理以及教育科研等能力。但是，在许多实习学校中，往往只侧重于学科的教学指导，而后两者一般都没有被充分地重视起来。而且，在学科教学指导中，实习学校的教研组长和原任课教师以及师范学校的指导教师应该在实习生的备课（包含钻研教材、选择教法、准备教具、编写教案等）、审定实习生编写的教案、听实习生试讲以及课堂试教，甚至还包括指导实习生克服怯场等心理问题上，指导实习生对待课堂教学失误，指导实习生的公开课等方面对实习生全面的指导。但是，在这些课堂实习指导内容中，很少有指导教师能在这几个方面全面兼顾的。当然，在班主任工作的实习指导以及教育调查和研究的实习工作的指导中，也包括许多细

节问题，同样也并未全部为指导教师所统筹兼顾，这对提高实习生的实习质量产生了不利影响。

（四）教育实习指导工作存在着单一化倾向

随着师范教育的不断发展，师范教育实习工作在许多方面都不断得到完善和成熟。但是，教育实习在指导方式上依然还保持着原有的传统模式，缺少突破和创新，基本上还是老框框——实习生旁听指导教师的讲课以及指导教师听评实习生的课堂教学的方式。这种方式作为教育实习的一种基本方式，固然具有其操作简单易行、效果比较明显等优点，但是伴随教育模式的不断变化和发展，以及现代教育技术和条件的不断提高，能否在原有基础上，提出和实施创新的教育实习指导模式，进一步改善和提高指导的质量和效率，有待在理论上认真研究和在实践中探索尝试。

（五）教育实习指导过程的形式化倾向较为严重

教育实习指导过程的形式化倾向不仅表现在实习学校指导教师的身上，同样也表现在师范院校的指导教师身上。作为师范院校的指导教师，他们不仅要指导实习生的思想工作，同时还应在实习生具体的教学实习、班主任工作实习以及教育调研等方面给予具体的意见和要求。但是，由于师范院校指导教师本身工作和教学任务较重等原因，很少亲自到实习学校指导实习生，即使在实习学校，也只是走马观花，或做些简单的思想动员，在教学技能和工作能力等方面很少问及并给予详细的指导。许多师范院校往往派一位指导教师在多所学校指导实习生，导致指导教师疲于奔波，疏于指导，使得实习流于形式。在实习学校指导教师中，这一倾向也比较严重，尤其是班主任指导教师，往往表现出两种明显的倾向：一是有些班主任指导教师认为，既然有实习生实习班主任管理工作，那就可以对班级和实习生放任不管。二是有些班主任指导教师担心实习生因不熟悉班级情况而带差实习班级，而对班级管理紧抓不放。在第一种情况下实习生无从受到指导，使指导教师的作用名存实亡，流于形式。第二种情况则使实习生根本没有机会参与班级管理，更谈不上在实践工作中接受指导。这种形式化的实习指导不仅不能提高实习生的工作能力，反而会使他们对实习工作产生消极情绪。此外，在学科教学指导中，也不同程度地存在着形式化倾向。一方面表现在学科指导教师对实习生的听课指导次数不足；另一方面表现在学科指导教师对实习生的评课过于简单，许多指导教师只是指出实习生的不足之处，而未能给实习生以具体详尽的思路和方法指导以及原因说明。这样，教师的指导功能和作用并没有充分地发挥和体现出来。

（六）教育实习指导工作中人际关系不和谐

这种人际关系的不协调主要表现在师范院校的指导教师与实习学校的指导教师之间、师范院校指导教师与实习生之间以及实习学校指导教师与实习生之间三个方面。这种不和谐也是阻碍教育实习顺利进行的一个重要因素。由于师范院校的指导教师和实习学校的指导教师共同指导同样的实习生，有可能在教育观念以及其他一些具体的教学及工作等方面存在着不同的观点和见解，这种分歧会在很大程度上导致他们之间不融洽的合作关系，还会直接影响到实习学校指导教师的指导积极性。另外，由于师范院校的指导教师和实习学校的指导教师不在同一单位，缺少充分接触和交流的机会，这也会使他们产生一定的距离感。而缺少了这两者的共同协作，必然对教育实习质量产生一定的影响和阻碍。另一方面，由于指导教师不与实习生共同生活和工作，缺乏对学生的了解与沟通，甚至以评定实习成绩为要挟，严重影响了师生间的感情交流。而且由于这种指导与被指导的关系只是临时性的结合，这种观念也会导致两者缺少彼此的默契和交流沟通，并影响指导教师的指导热情和积极性，同样也会影响实习生的学习动力。

四、教育实习研究状况述评

（一）教育实习混合编队模式已在国内高师院校广泛采用

1999 年华南师范大学提出并实施混合编队教育实习模式①，至今被众多学校采纳，已成教师教育实践教学的主流模式。据不完全统计，已有超过 150 所师范院校采用混合编队实习模式，对大多数师范院校而言，改变了以往单科定点实习的模式，大体上形成了一个实习点由多个不同学科的实习生混合一起组成的格局。

（二）教育实习混合编队模式中学科教师指导不足问题凸显

由于高校扩招，大学派出的实习指导教师人数严重不足。带队教师更多的是从管理、沟通、协调等非学科层面的管理与指导，难以深入到具体学科教学的指导，学科教学指导任务基本上是全权委托中小学校的教师。这容易出现的问题是：指导教师的水平参差不齐，难以对实习生形成系统、专业的

① 陈冀平. 高师教育实习新概念混合编队模式实习主体的体验与感悟［M］. 修订版. 广州：广东教育出版社，2008：2.

指导；教育实习资源分散、实习平台不统一；缺少系统的实习过程性评价；等等。

综上所述，如何构建一种符合新时代教师教育现实需求的、有效可行的教育实习模式，让广大师范实习生受益，是当前各高校迫切需要解决的问题。

第三节　“互联网+”技术对教育的广泛影响

一、关于“互联网+”的认识

互联网让世界变成一个地球村。现代社会已经进入了信息社会。信息素养成为现代公民必备的素养。国与国的竞争，在一定程度上演变成信息的竞争。信息生产、信息传播、信息获取、信息运用等在社会政治、经济、文化、生活等各领域产生了巨大的影响，无人能置身于外。

（一）“互联网+”的由来

腾讯总裁马化腾2014年4月21日在《人民日报》发表文章，第一次公开提出“互联网+”的概念，他认为“互联网+”是一个趋势，“+”的是传统的各行各业。[①] 在2015年“两会”上，马化腾提出了加快推动“互联网+”的建议。在这份建议中，他对“互联网+”的解释是“利用互联网的平台，利用信息通信技术，把互联网和包括传统行业在内的各行各业连接起来，在新的领域创造一种新的生态”。[②] 国内另一家互联网巨头阿里巴巴随后通过阿里研究院推出了《“互联网+”研究报告》，提出所谓“互联网+”是指“以互联网为主的一整套信息技术（包括移动互联网、云计算、大数据技术等）在经济、社会生活各部门的扩散、应用过程”。“‘互联网+’的过程也是传统产业转型升级的过程，推动各产业的互联网化，‘互联网+’的动力在于云计算、大数据与新分工网络。”[③] 在2015年7月国务院印发的

① 乔杉. 20年互联网带来的改变才刚开始［N］. 人民日报，2014-04-21.

② 腾讯研究院. 关于以“互联网+”为驱动 推进我国经济社会创新发展的建议［EB/OL］.（2015-04-13）［2015-12-10］. http://www.tisi.org/Article/lists/id/3776.html.

③ 阿里研究院. “互联网+”研究报告［R］. 2015：4-12.

《关于积极推进“互联网+”行动的指导意见》中，对“互联网+”的解释是“把互联网的创新成果与经济社会各领域深度融合，推动技术进步、效率提升和组织变革，提升实体经济创新力和生产力，形成更广泛的以互联网为基础设施和创新要素的经济社会发展新形态”。这可视作目前为止官方对“互联网+”最权威的解释。

（二）“互联网+”的实质

“互联网+”的实质是关系及其智能连接方式，是对互联网技术要素中智能要素和工艺要素的重新认识与界定。“互联网+”在注重互联网技术的支撑作用时，更注重协作、开放、跨界等互联网思维在传统行业改革中的作用，是把互联网作为创新要素纳入到传统行业的改革。简单地说，就是以互联网为基础设施和创新要素，促进信息通信技术与各行各业进行跨界融合。这不是两者的简单相加，而是创造传统行业新的发展业态。互联网去中心化，降低信息不对称，重新解构了过去的组织结构、社会结构与关系结构。①

（三）“互联网+”的内涵

事实上，社会对“互联网+”的内涵并没有形成统一的认识，也很难形成共识，不同的行业、不同的人群站在各自视角，对“互联网+”都会产生不同的界定和诠释。综合多种视角对这一概念的理解，则有利于更为清晰、全面地审视和把握“互联网+”的特征。

从信息传播的角度看，“互联网+”是基于新一代互联网技术的信息革命。互联网的产生发展基于通信技术的积累和创新，而在“互联网+”时代，随着以去中心化、用户生产内容、平台化为核心特征的Web2.0的出现，人际信息传播方式发生了新的变革。以大数据和人工智能为核心技术的新一代互联网使每个人都成为网络社会中的一个独立的信息源，传统的中心化的信息传播的单向模式不复存在。因此，“‘互联网+’不是在传统互联网中做一点提升，而会是一次全新的信息革命，在这次信息革命中，主角要从一个传播的时代，转向智能感应的时代”②。

从经济转型的角度看，“互联网+”是实体经济与互联网深度融合的经济形态。利用互联网技术，传统产业获得了进行自我变革和转型升级前所未

① 马化腾. 互联网+：国家战略行动路线图［M］. 北京：中信出版社，2015：9-21.
② 项立刚. “互联网+”是第七次信息革命［N］. 环球时报，2015-03-09.

有的机遇。互联网将不同产业领域的信息连接起来，将生产、流通、服务等环节打通，培育出新产品、新模式和新业态。目前，互联网与零售、金融、交通、教育、医疗、养老等深度融合，已经培育出电子商务、互联网金融、智能家居等多种商业模式和消费模式。

从社会治理的角度看，“互联网+”是推动社会治理创新的有效手段。俞可平提出，“社会治理的理想结果是‘善治’，其本质特征是政府和社会多元主体对公共生活的合作管理”①。互联网平台正是搭建了一个政府与社会沟通协商合作的平台，促进普通公民等社会主体参与到开放的公共决策中。比如近年来出现的政务微博、微信和移动APP，就有效促进了政府信息公开，提升了政府的社会动员能力和服务能力。

（四）“互联网+”的特征

“互联网+”具有四个核心特征：②

一是新的技术、先进的基础设施，云、网、端一体化的数字化、智能基础设施，云计算、移动互联、物联网以及3D打印、智能可穿戴技术等设备及工具为创新和发展提供了支撑。

二是新的生产要素，数据与信息资源已成为各行业最核心的资产，大数据的涌现不仅改变着人们的生活与工作方式、企业的运作模式，甚至还引起科学研究模式的根本性改变。③

三是新的社会空间，以互联网为基础，利用信息通信技术（ICT）与各领域、多维度的跨界融合，形成了互联互通的社会网络关系，虚拟世界与现实世界的边界越来越模糊。

四是新的业态体系，在互联网的影响下新体制、新机制、新分工在形成，随着电子信息技术和网络媒介的快速发展，信息的创造、复制和传播都在提速，使事物外爆的同时也在加速内爆。④

---

① 孔繁斌. 政治学知识的转向：治理理论与公共管理［J］. 南京社会科学，2001（9）：54－56.

② 陈丽，林世员，郑勤华. “互联网+”时代中国远程教育的机遇和挑战［J］. 现代远程教育研究，2016（1）：3－10.

③ 王元卓，靳小龙，程学旗. 网络大数据：现状与展望［J］. 计算机学报，2013，36（6）：1125－1138.

④ 张天勇. 技术异化与现代性的走向：海德格尔与鲍德里亚的视域［J］. 科学技术哲学研究，2015，32（2）：63－67.

二、“互联网＋”对教育的影响

互联网的普遍应用特别是大数据、云计算和移动互联等技术的发展，正深刻地改变着教育的面貌，推动教育向数字化、网络化和智能化方向发展。从教育视角认识“互联网＋”，应当看到这场风潮带来的不仅是教育技术的革新，更是对学习、教学、组织模式的冲击及由此给教育理念和体制带来的深层次影响。①

（一）教育资源：从封闭到开放

传统模式下，教育资源集聚在校园这个相对封闭的物理空间里，局限于课堂、图书馆、实验室等场所，满足固定人群的需求。而互联网以其强大的存储性和交互性的技术优势，在短时间内迅速吸纳了海量的知识和信息，成为人类历史上前所未有的巨大“信息库”，并且这个信息库随着由互联网终端连接起来的人们不断上传、发布新的信息而源源不断地扩容。借助互联网，教育资源可以跨越校园、地区、国家覆盖到世界每个角落，优质教育资源的平等共享成为可能并且极为便利。风靡全球的慕课（英文简写为MOOCs，即大规模开放式在线课程），就是“互联网＋教育”的产物。MOOCs中的第一个O（open）就是指“开放”，进入慕课学习基于兴趣而非身份，只要想学都可以进来学，只需注册一个邮箱就可参与，并且绝大部分课程都是免费提供。慕课在短短几年中，就吸引了全球数以百万的学习者，这样快速的发展最主要得力于其开放性和免费性。

（二）教育机构：从单一到多元

传统教育以学校为主要载体，借助于“互联网＋”对教育资源重新配置和整合，社会教育机构、新型教育组织依靠灵活性、免费性等优势给学校教育带来了强烈冲击，教育组织形态呈现多元化的趋势。一个例证是美国的Udacity、Coursera、ed X等慕课平台通过提供在线课程，挑战传统大学在教育和科研市场中的绝对优势地位。有的慕课平台还通过与大学合作提供课程学习证书。像Coursera平台上专门设有Specailization（专业）栏目，在这个栏目下只要完成一定要求的课程学习就可以获得世界顶尖大学颁发的专业证

---

① 张岩.“互联网＋教育”理念及模式探析［J］. 中国高教研究，2016（2）：70－73.

书。这必将直接冲击现行的高等教育学历制度和招生制度，促使大学的组织边界悄然发生变化。作为创新和变革的策源地，大学非但不应忽视或拒绝这种变化，而且应当从拓展社会服务功能的角度出发，高度重视和积极适应这一变化。据了解，清华大学、上海交通大学等国内名校已经开始与国内外的慕课平台展开全面合作。

（三）学习方式：从被动到自主

传统模式下人们需要按照学校的课程表安排到教室听课，而在互联网环境下，学习成为无时不可、无地不可的事情，只要连接网络就可以学习，不必再完全依赖于课堂和书本，学习者突破了校园的局限，真正实现了时空上的自由。比如在线课程的学习就充分体现了学习的自主性。首先学习者可以自主选择课程，其次进入课程学习后可以自主选择将学习的经验体会放到网上与他人分享，最后可以对学习过程和学习成果进行自我评价或者由其他学习者进行评价。自主学习的模式变革给教育带来了两个方面的挑战：一方面是要适应“互联网+”时代“以用户为中心”的思维方式，构建以“以学习者为中心”的教育理念和模式。教育要真正把学习者作为服务对象，有效捕捉和满足他们个性化和多样的学习需求。另一方面自主学习也给学习者带来了一些负面影响。比如学习碎片化的问题，学习者对大量唾手可得的碎片化信息通常只是浮光掠影、浏览而过，缺乏深度思考。再比如学习缺乏强制性的问题。互联网环境下的学习往往追求趣味化、娱乐化的体验，学习者难以有时间和耐心坐下来学习枯燥的基础知识。还比如判断甄别困难的问题，面对繁杂多样的海量信息，学习者尤其是缺乏判断能力的低龄学习者，如果缺乏正确的引导，则难以进行有效的知识积累和加工，促进智力发展和能力提升。这些问题都需要教育以新的理念和形式来介入和解决。

（四）教学方式：从灌输到互动

互联网改变了传统的以教师为中心的授课模式，教师不再是知识的唯一来源，学生对教师授课的依赖性明显减弱。与之相适应，教师的作用要从教学的主导者变成学生学习的辅助者、服务者，教学要从单向灌输知识的“满堂灌”向更加注重互动对话的“翻转课堂”转变。所谓翻转课堂，主要是指课堂承载的功能发生改变，过去课堂主要是教师“教授知识”，现在教师要求学生课前在网上完成所有相关知识点的视频学习，课堂上主要是“交流和评估”，也就是答疑解惑和评估鉴定学习成果。翻转课堂的出现将倒逼学校的教学模式改革，使教师面临教学策略和技能方面的挑战。如何既调动学生的实际参与，及时检查学生的知识掌握情况并给予反馈，又不干预学生的选择，促进学生的自主学习，对教师的理念转变和素质能力都是新的考验。

三、“互联网+教育”的发展趋势

随着“互联网+”成为国家战略，BAT（指百度、阿里巴巴、腾讯）等国内互联网大鳄纷纷布局教育，“互联网+教育”呈现风生水起之势。然而冷静观察形形色色的新产品新业态，我们发现具有全国影响力的成熟的“互联网+教育”模式迄今还没有产生，“互联网+”并未给教育带来太多的实质性变化。当然，这并不妨碍我们设想和探索“互联网+教育”的创新模式。可以预见，随着信息科技日新月异的进步，互联网将变得更加“无所不连”，“互联网+教育”将不再局限于“在线教育”，而是会给教育的全过程、各环节带来更多更深刻的改变，直至重塑一个开放创新的教育生态环境。①

（一）互联网+教育内容

这是“互联网+教育”的资源基础与核心竞争力所在。慕课的出现为“互联网+教育内容”模式提供了创新样板。借鉴国外慕课平台的经验，未来中国慕课的探索应当更加聚焦在提高课程学习的社会认可度上。在课程内容上更充分地发挥公共服务体系的作用，明确服务教育、面向公共需求的定位；在机制创新上，探索利用新一代互联网技术打破地域、校际隔阂，深度整合现有教学内容和在线课程资源，形成课程互选和学习成果互认的可行模式。从慕课的深度发展可以预想，未来的“互联网+教育内容”将重在探索以课程设计为核心，集成整合各类优质教育教学资源，构建教育资源的网络超市。

（二）互联网+教育体验

“互联网+”时代，用户体验为王。对教育来说，就是要以学习者的需求为导向、以学习者的体验为核心。在精准把握学习者需求上，可以利用大数据和云计算技术，对学习者的倾向、兴趣、能力、目标等进行智能分析；在满足学习者体验方面，可以通过优化“互联网+教育”产品的生产、设计和供应环节，使学习过程更为简单、便捷、有趣，帮助学习者深度参与其

---

① 张岩.“互联网+教育”理念及模式探析［J］. 中国高教研究，2016（2）：70-73.

中。“互联网+教育体验”的一个极致做法是通过教育类网络游戏实现快乐的“体验式学习”。国内已有网游公司着手开发教育类网络游戏，尝试把游戏的娱乐性和自主学习结合起来，为学习者创设生动的游戏化学习情境。[①]玩家在游戏情景中可以体验现实生活中不可能接触到的世界，而且游戏的奖励和竞争机制可以极大地调动学习兴趣，激发学习动力，持续增强自主学习的“黏性”。

（三）互联网+教育管理

互联网技术可以有效促进教学管理、教务管理、学生管理、校园管理等各领域各环节教育管理信息的互联互通，从而减少不必要的人力、物力和财力损耗，促进学校管理和服务的自动化、快捷化、个性化和智能化。作为教育信息化重要内容的“智慧校园”就是“互联网+教育管理”的产物。“所谓智慧校园，是以借助新一代的物理网、云计算、泛在感知等信息技术，打造物联化、智能化、感知化、信息化的新兴校园。”[②] 由于智能设备的普遍应用，各种监测信息可随时获取，这使智慧校园成为可能。未来，教学管理和教学状态监测、科研项目管理和科技成果转化、校务管理和学校决策支持、校园虚拟社区和人际交往平台、校园信息化生活服务和后勤管理等，都将为智慧校园和“互联网+教育管理”提供广阔空间。

（四）互联网+教育评价

互联网应用于教育评价，特别是基于大数据技术的教育评价将带来两方面的变化：第一个变化是评价依据的丰富。“互联网+”很大程度上能够解决传统教育评价难以收集评价依据和评价信息单一化、片段化的问题，不但可以全过程、全方位采集教育数据，而且可以收集考试成绩之外的情感因素、心理倾向、实践能力等非结构化数据，从而支持综合性、系统化的评价，使教育评价的内涵和功能得到拓展。第二个变化是评价应用的便捷。通过互联网平台，教师可以依据学习表现评价学生，学生也可以给教师的教学成效打分；学校和教育部门借助数据可以远程分析评价教学活动和学习绩效，家长也可以通过数据及时了解孩子的情况和学校的教育质量。在“互联

---

① 过文俊，邓宗俭. 教育网游：网络游戏发展新思路［J］. 西部论丛，2009（2）：62－64.

② 沈洁，黄宇星. 智慧校园及其构建初探［J］. 福建教育学院学报，2011，12（6）：122－125.

网＋教育评价”环境中，每个人都是评价的主体，也是评价的对象，社会各方面介入教育评价更为方便也更为深入。目前，云校等国内互联网教育企业已经在尝试通过挖掘管理、教学、学习的基础数据，构建科学的学生成长模型，为对学生进行系统评价创造条件。[①] 这些探索代表了“互联网＋教育评价”创造有效评价依据和支持保障评价应用的发展方向。

四、“互联网＋”与教育实习

（一）“互联网＋”成为一项国家战略

李克强总理在2015年政府工作报告中首次提出制订“互联网＋”行动计划，“互联网＋”迅速成为各方面追捧的热词。2015年12月，习近平总书记在浙江乌镇举行的第二届世界互联网大会上向世界宣告：“‘十三五’时期，中国将大力实施网络强国战略、国家大数据战略、‘互联网＋’行动计划，发展积极向上的网络文化，拓展网络经济空间，促进互联网和经济社会融合发展。”“互联网＋”作为一项国家战略，必将成为未来我国经济社会创新发展的重要驱动力量。

同社会许多其他行业一样，教育受到了互联网的巨大影响，“互联网＋”思维对传统教育理念带来了革命性的冲击和挑战，教育如何面对和适应“互联网＋”，通过探索“互联网＋教育”的科学模式，促进教育公共服务水平和教育质量的提升，既是深化教育领域综合改革不可回避的问题，也是摆在广大教育工作者面前的现实课题。

（二）“互联网＋”有助教育实习质量的提升

作为师范生培养重要环节的教育实习，如何乘着“互联网＋”信息技术的快车，走上大规模、低成本、高效率的轨道，让师生借助先进的工具，享受到优质便捷的教育资源和服务？

利用“互联网＋”的技术手段，突破时空的局限，构建线上线下一体，大学教师指导与中小学教师指导一体，学生成长与教师成长一体的新模式，依托实习基地、网络研讨等平台，切实提升高师院校的教育实习工作质量，是当前我们教育工作者必须思考的问题。

本研究将探讨如何利用“互联网＋”技术，促进教育实习质量的提升。

---

① 习近平．在第二届世界互联网大会开幕式上的讲话［EB/OL］．（2015－12－16）［2019－12－10］．http://www.xinhuanet.com//politics/2015－12/16/c_ 1117481089.htm.

第四节　工作坊教学方式的发展历程及应用

一、工作坊的理论渊源

（一）工作坊的起源

作为实践教学的一种模式，“工作坊（Workshop）”并非是全新的事物，最早源于欧洲（德国，魏玛共和国时期）以培养工程设计与建筑设计为宗旨的公立包豪斯学院（Staatliches Bauhaus，1919—1937）。作为现代设计的先驱者，包豪斯学院的创建者、现代建筑设计的奠基人之一格拉皮乌斯（Walter Gropius）倡导的教育理念是“技术与艺术并重”，学习过程有如“工厂学徒制”，学生的身份是“学徒工”。在教学过程中，担任艺术形式课程的教师称“形式导师”，教授其理论课程，并引领其专业的发展；而担任技术、手工艺制作课程的教师称“工作室师傅”，负责辅助指导其实践教学。由于实践环节需要特定的场地，因此学生日常实践空间——工作坊逐渐成为实践环节的核心，以此形成的实践模式亦被称为“工作坊教学”①。

（二）工作坊的概念

坊的本意是场地，即学生日常实践的空间。“工作坊”是一种参与式、体验式、互动式的学习模式，通常由10～20名成员组成一个小团体，以一名在某个领域富有经验的主持人为核心，成员在其指导之下，通过活动、讨论、短时演讲等多种方式共同探讨某个话题的组织模式。

工作坊作为一种新的教学载体，很好地契合了高校提高大学生综合素质的教学目标。工作坊不同于上课、讲座的传统教学模式，它将主题与互动相结合，教学互长，鼓励参与、创新以及建设性地解决问题。其内容可根据学生的兴趣和需求采取专题化设计，一至两期一个专题，特点就在于吸引参与、引发思考、促进互动、推动成长，通过案例分析、角色扮演、集体分享、团体讨论、头脑风暴、教师点评、行为训练等轻松愉快的方式鼓励多人共同参与。成员在参与过程中能够相互对话沟通，共同思考，提出方案，讨论实施，通过团体内人际交互作用，以人为镜、反省自己、深化认识。

---

① 刘禹，王来福．基于工作坊的高等教育实践教学体系的研究［J］．东北财经大学学报，2009（1）：93－96.

（三）工作坊的发展

包豪斯学院所形成的教学方式，形成了教学、研究、实践三位一体的现代设计教育模式。在完成正常的教学任务的同时，教学为研究和实践服务；研究为教学和实践提供理论指导；实践为教学和研究提供验证，同时也为现代设计教育提供可能的经济支持。这种良性循环的教育模式，引领了现代设计教育的先河，其知识与技术并重、理论与实践同步的教育思想至今影响着建筑设计教育。

这种教学模式最大的优势，在于可以为学生提供一个能够将所学理论知识进行融会贯通的全过程，而这一过程不是其他实践模式能够达到的。在我国高等教育的建筑设计（建筑学）、工业设计（工业美术）等专业领域内，这一模式也得到了广泛的应用。

工作坊模式产生后，在国外得到广泛应用，在我国高等教育的建筑学、工业设计等专业领域也得到了推广。①

二、工作坊的理论基础

（一）理论依据

团体动力学是工作坊的理论依据，该理论由社会心理学家库尔特·勒温在1939年发表的《社会空间实验》中首次提出。勒温指出，团体是一个不可分割的分析单位，是有着联系的个体间的一组关系。其成员不是孤立的个体存在，而是被组织到一个复杂的、相互依赖的系统之中。虽然团体的行动要看构成团体的成员本身，但已经建立起来的团体，其个体成员动机与团体目标几乎混为一体，所以，一般来说，通过引起社会团体变化而改变其个体要比直接改变个体容易得多。工作坊模式正是创造了团体这个系统。在这个系统中，团体具备了个体成员所没有的那种动力特性。在一种民主式的领导下，团体成员通过观察、学习、体验、探讨，建立起新的团体价值标准，进而改变自我的价值标准，优化个体成员的心理环境，改变个体行为。②

---

① 张思，刘清堂，熊久明．认知学徒制视域下教师工作坊研修模式研究［J］．中国电化教育，2015（2）：84－89.

② 王雪华．工作坊模式在高校教学中的应用［J］．当代教育论坛（管理研究），2011（8）：29－30.

（二）工作原理

勒温在团体动力学理论中提出了社会改变计划的三个步骤：第一步是“解冻”，即消退与以往团体标准的联系；第二步是引进新标准；第三步是“重冻”，即稳固地建立新的标准。在这三个过程中，团体讨论决定比单向个体提出改变要求的效果好得多。工作坊的操作原理与此相同，通常分为以下三个阶段：

第一阶段，分享资讯。进行学习资料的准备，通过共同分享现有资料，参与者在一个平等条件下沟通、讨论、交换意见，从中反省自己的行为。

第二阶段，小组提案设计。通过进一步的分组讨论、参与活动等方式，促进参与者交流，透过对主题或反复或创造性地探讨，达到凝聚意识的过程，逐渐建立新的价值标准。

第三阶段，全体表达意见。小组间就不同价值观、立场阐述探讨成果，和其他小组互相交流，利用客观角度来分析事情，巩固学习成果，寻求今后努力的方向。

三、工作坊的教学优势

（一）教学形式多样化、参与化

工作坊的主要教学形式是通过创设情境，使学生的身心俱动，对学习内容有切身的体验和认知，从而收到良好的教学效果。此外，还运用了小组讨论、专家讲座、同伴启示、小组游戏等多种方法，使教学的形式丰富多彩，学习的过程也不再是枯燥乏味的单向“填鸭式”学习，而是强调参与，让学生自己分析问题，寻找解决方法，促进自我实践，通过从根本上改进原有的认知结构促成行为改变。

（二）教学成果具体化、系统化

工作坊针对不同专题开设，一至两期集中探讨一个专题，其教学成果必须具体、清晰地说明“学生的行为”“该行为发生时的情况”以及组织者“对这一行为的表现水平的期望”。同时，工作坊还特别注重教学成果的系统化，强调由知识层面、技能层面到态度层面是一个由浅到深的过程，需要层层递进进而形成科学体系，学生只有通过自我分析、相互学习、沟通借鉴并最终转变态度，才能切实改进自己的行为。

（三）教学评估全面化、科学化

评估是保障工作坊推行过程中每个环节质量的根本。工作坊的评估既要针对教学过程，又要针对教学结果；既要有参与者自评，又要有他人互评；既要将定量与定性评估有机结合，又要将短期与长期评估相统一。评估的方式除考试外，还可以是面谈、问卷调查等。工作坊通过全面、科学的评估，能在一定程度上保证教学质量，了解教学情况，为进一步改进工作提供参考。

四、工作坊对教师的要求

工作坊采取理论书籍推荐自学、专家论点交流研讨、方法技巧实践体验等方式，由外控式管理向内控式管理转变，由被动型学习向主动、参与型学习转变，教学方式由单一、封闭型向多样、开放型转变，为提高学生综合素质提供了新的平台，同时也对教师提出了更高的要求。

（一）掌握团体咨询的理论和方法

工作坊的教师不仅要掌握教育学、心理学的一般理论和方法，对于团体咨询的有关理论、学派的观点也要有初步的了解，要能够掌握和运用心理学常用的支持、指导、鼓励等技巧，特别需要具备组织管理能力，在工作坊里能够调动全体学生参与的积极性，激发学生对活动的兴趣，鼓励学生大胆开放自我，积极参与活动，创造融洽的气氛。

（二）设计契合学生实际需求的教学内容

工作坊的互动参与性对教学内容的实践性提出了更高的要求。教师一方面要深入学生的生活实际，通过调查走访及查阅资料，广泛搜集与学生生活相关的热点和焦点问题，才能引起学生的认知关注，激发学生参与工作坊的积极性；另一方面，要注重引导学生丰富生活体验，参与工作坊互动，通过设计一系列的训练活动，让学生在模拟或现实的学习与生活情境中，感悟正确的认知观念、思维方式与方法，获得充分的体验，提高综合素质。

（三）构建合理的教学评价体系

教学评价是促进工作坊顺利实施、有效达成教学目标的支持系统。工作坊的教学评价不应局限于考试分数，它更强调评价的激励性、发展性和过程性原则。激励性就是给学生充分的肯定和鼓励，从过去的学科评价只关注认知过程转变为关注人的全面素质发展；发展性就是关注学生在工作坊推进过程中的变化和进步，注重记录学生已经取得的点滴成长和进步，发现和发展学生多方面的潜能，提高适应能力；过程性就是不仅注重结果，更注重成长和发展的过程，鼓励学生参与和体验，关注学生参与活动的时间与广度、与他人的合作交流的情况等。

总之，工作坊更强调以人为本，是对传统教学模式的创造性改革。同时，我们还需要对这种新模式继续进行探索实践，一方面根据人才培养目标、学生需求不断开发工作坊主题；另一方面不断改进教学方法，完善设施，使工作坊进一步实现管理规范化、形式多元化、内容模块化、师资多样化，真正使学生在轻松体验中获得真实的成长。

五、工作坊在高校教学的应用

（一）工作坊模式在诸多领域的逐步探索

随着知识经济的来临，改革传统教学模式，使学生变被动听课为主动参与，在认同客观规律的基础上积极改造主观世界，已成为高校教师关注的焦点问题。工作坊是国际上非常流行的一种提升自我的学习方式，作为一种透过公众参与解决问题的重要途径，已经越来越广泛地运用于各个领域，但在我国高校教学方面的应用还有待成熟。将工作坊的概念与高校教学有机结合在一起，通过开展教师与学生的平等互动，在民主式参与的氛围中分享体验，发现问题，讨论问题，解决问题，能够充分调动学生的主动性、积极性，提高教学效果，更好地适应社会对提高大学生综合素质的要求。①

由于工作坊模式的成功应用，有学者尝试将工作坊教学模式应用于教师培训方面，如林志森②等人研究了工作坊式教师培训模式，黄建辉③等人探讨了特级教师工作坊的建设等等。

---

① 王雪华．工作坊模式在高校教学中的应用［J］．当代教育论坛（管理研究），2011（8）：29－30.

② 林志森，蒋凤春．工作坊式教师培训模式初探［J］．中小学教师培训，2014（8）：14－16.

③ 黄建辉．特级教师工作坊：一种有效的教师专业发展模式［J］．教学与管理，2013（10）：24－26.

（二）工作坊模式应用于师范生教育实习

如何利用工作坊模式，发挥工作坊教学的优势，借鉴教师培训工作坊等有效做法，结合师范生教育实习的特点，构建教育实习工作坊，帮助师范生提升教育实习的质量和水平。这是本研究将探索的一个问题。

第五节　混合式教育实习模式主要解决的问题

鉴于混合式教育实习在国内高师院校的普通实施，以及其目前存在的不足，依托“互联网+”技术优势、工作坊教学优势，提出基于“互联网+工作坊”的混合式教育实习模式，目的是强化混合编队教育实习模式的教师指导作用，促进教育实习“混合编队模式”走向“混合式教育实习模式”，最终促进师范生教育实习质量的提升。

混合式教育实习模式主要解决实习中的如下四个问题：

一、解决以往混合编队实习中指导不足的问题

以往实习中，大学仅仅是派出带队教师，而没有针对不同的学科进行学科指导，中小学的指导教师指导力量参差不齐，大学教师与中小学教师没有形成指导的合力。

二、解决教育实习中缺少系统的过程性评价问题

利用“互联网+工作坊”平台，能有效记录师生在实习指导的互动过程中的成长轨迹，为评价指导教师工作，激励其实习指导的积极性，记录师范生的学习成长提供了有效的依据，解决了以往实习评价中过程性评价的缺失。

三、解决大学教师与中小学教师协同发展的问题

以往的实习，更多的是单向度的，中小学对接收实习生的积极性不高。在混合式教育实习模式中，在大学和中小学分别聘请优秀的教师，组成指导

团队，共同指导师范生，以问题驱动，三方同心同向，齐心协力，协同发展，形成了一个大学教师与中小学教师协同发展共同体，促进各方的互动合作共赢。

四、解决实习资源分散、平台不统一的问题

以往的实习资源，多数是通过邮箱、QQ 群、微信群等方式联系，工具繁杂，资源过于分散，平台不统一，不利于师范生整体的交流，不利于资源的共建共享。依托“互联网 + 工作坊”，能将师生在互动指导过程中形成的各种创生性的资源有效汇聚，利于师生共享。

第二章　何为混合式教育实习模式

第一节　混合式教学的兴起及其发展

一、混合式教学概念的提出

随着高等教育信息化的迅速发展，信息技术正以惊人的速度改变着大学生的学习方式，但随着第一轮研究与实践的热潮退去，人们逐步回归理性。在线学习的方式具有丰富的多媒体资源、便捷的协同交流、友好的互动等独特优势，但不能完全替代教师的课堂教学，如果缺乏了教师的参与，学习效果并不像预期的那么理想。如何充分体现在线学习的主动参与性，如何充分发挥教师或专家的引导作用、人格影响、学习和研究方法的渗透的优势，已经成为大家共同关注的问题。在此大背景下，混合式教学（Blending Learning），也称混合式学习的概念应运而生。

所谓混合式教学就是要把传统学习方式的优势和 e－Learning（即数字化或网络化学习）的优势结合起来，也就是说，既要发挥教师引导、启发、监控教学过程的主导作用，又要充分体现学生作为学习过程主体的主动性、积极性与创造性。[①] 混合式教学是学习理念的一种提升，这种提升会使得学生的认知方式发生改变，教师的教学模式、教学策略、角色也都发生改变。这种改变不仅只是形式的改变，而是在分析学生需要、教学内容、实际教学环境的基础上，充分利用在线教学和课堂教学的优势互补来提高学生的认知效

---

① 何克抗．从 Blending Learning 看教育技术理论的新发展：上［J］．电化教育研究，2004（3）：1－6．

果。混合式教学强调的是在恰当的时间应用合适的学习技术达到最好的学习目标。①

二、混合式教学的理论基础②

学习理论是教学设计的理论基础。在实施混合式教学设计时，需要根据不同的具体情况加以选用。学习理论自 20 世纪 50 年代以来，历经行为主义、认知主义和建构主义等不同发展阶段。

从哲学的角度来看，行为主义和认知主义所持的立场是客观主义的。客观主义认为世界是由客观事物及特征和客观事物之间的关系所组成。人们对客观事物及其之间关系的共同认识构成知识。知识可以通过教学的方式迁移到每个人的大脑之中。教学的目的就是以最有效的方式向学习者传授和迁移知识。所不同的是，认知主义学习理论更加强调学生的认知主体作用，强调教学既要重视外部刺激（条件）与外在的反应（行为），又要重视内部心理过程的作用，即学习的发生要同时依赖外部条件和内部条件。教学就是要通过安排适当的外部条件来影响和促进学习者的内部心理过程。

基于行为主义学习理论的教学优势在于目标明确，外在的刺激和灌输可以系统地讲述知识，易于形成自动化和机械化的操作，便于教师控制和组织教学等。而它的劣势在于学习的主体始终处于被动接受状态，积极性和主动性难以发挥，严重压抑了学习主体的创造性；当外在刺激条件与学生知识结构与准备状态不符时，知识传输的效率低下；等等。基于认知主义的教学优势在于能够在教学过程中考虑学生的认知心理，在内容的组织和选择上可以更好地符合学生的原有认知结构，教学效率较高。在统一的教学目标的要求下，学生可以达到基本统一的知识结构，便于管理和评测。学生的积极和主动性得到了一定的发挥等等。其弱势在于统一的教学目标未必符合每个人自己的最佳发展形式。统一的学习方式未必是每个人最佳的学习途径。另外，对于高级技能、复杂知识、解决问题的能力培养、创造力的培养等，基于认知主义学习理论的教学显得有点力不从心。

行为主义和认知主义的学习理论都强调知识的传授和迁移，也就是“教”。基本内容是研究如何帮助教师把课备好、教好，而很少考虑学生“如何学”的

① Harvi Singh and Chris Reed. Centra Software A White Paper. Achieving Success with Blended Learning [DB/OL]. (2005 - 07 - 09) [2019 - 12 - 10]. http://www.centra.com.

② 余胜泉，路秋丽，陈声健. 网络环境下的混合式教学：一种新的教学模式 [J]. 中国大学教学，2005 (10)：50 - 56.

问题。共同的优点是有利于教师主导作用的发挥，有利于按照教学目标的要求来组织教学，不足之处是在按照这种理论设计的教学系统中学生的主动性、积极性往往受到一定的限制，难以充分体现学生的认知主体作用。

建构主义学习理论基本上采用非客观的哲学立场，认为每个个体的认知过程是各不相同的，学习的结果并不是可预知的。因此教学是要促进学习，而不是控制学习。强调的重点不是设计教学方法来控制学生的学习过程，使之达到预定的相同的教学目标，而是强调设计促进知识建构的学习环境，强调以学生为中心，促进知识获得的协作和交流。不仅要求学生由外部刺激的被动接受者和知识的灌输对象转变为信息加工的主体、知识意义的主动建构者；而且要求教师要由知识的传授者、灌输者转变为学生主动建构意义的帮助者、促进者，要求教师以广义上的学习环境出现，而不是以传道者的身份出现。在建构主义学习环境下，教师和学生的地位、作用和传统教学相比已发生很大变化。这意味着教师应当在教学过程中采用全新的教学模式（彻底摒弃以教师为中心、强调知识传授、把学生当作知识灌输对象的传统教学模式）、全新的教学方法和全新的教学设计思想。

建构主义学习在真实的问题情境中，借助社会交往与周围环境的交互，解决真实问题，习得技能，学生自我控制学习进程，自我建构学习目标。它能够最大限度地发挥学生的积极性、创造力和主动性，是创造能力培养的最佳途径，适合于复杂知识的理解及高级认知技能和社会技能的形成。其劣势在于没有统一的教学目标，学习评价较为困难，组织与管理学习也十分困难。学习过程中要求学生进行探索，对学生的自主学习积极性、自我控制能力、认知技能都有比较高的要求。

综观学习理论的发展，不是一种替代的发展关系，而是一种继承、扬弃和发展的关系。行为主义强调外显行为，重视客观刺激；认知主义强调主体的原有认知结构，强调外显行为后面隐藏的认知结构的变化；而建构主义则强调知识的多面性，自我建构，在具体环境中的建构过程和建构结果。它们都有合理的、科学的一面，同样也有局限性的一面，并不是所有环境、所有情况下都只适用于一种学习理论。每一种学习理论都有其适合的学习内容和学习者群体。总体说来，随着学习任务的复杂性增加，学习者的认知能力提高，学习环境的逐渐丰富，最适合的学习理论从行为主义向认知主义到建构主义逐渐转化。教学（学习）是一个复杂的过程，任何将这个过程单一化或简单化的倾向都是错误的。不同的学习理论，在不同的学习阶段、不同的学习环境下是一种相互补充的关系，而不是相互排斥的关系。它反映了人们对知识以及学习本质的认识不断深入发展的历程，混合式学习实践就充分体现了这种融合的趋势。

三、混合式教学的学习环境

将教学或其过程理解为学习环境，体现了建构主义倾向的对于知识和教学的理解。客观主义将知识理解为客观存在的状态或实体，因此将教学理解为传递这一客观知识的过程。而建构主义将知识理解为个体在经验的基础上，通过与环境的交互来建构认知和意义的过程，因此在建构主义看来，教学是学习者充分利用环境提供的丰富工具和资源建立自己的认识和理解的过程，因而将教学理解为学习环境。

（一）建构主义学习环境的基本原则

在建构主义学习环境里，学习者能够最佳地得到建构工具和学习环境的支持，这些工具和环境促进个人认识和意义的建立以及学生相互之间的交流，这样，教师的角色就是开发能使学生参与并建构其认识和理解的环境，这种环境体现的原则是：情境、建构、合作和交流。

建构主义学习环境使学生参与知识的建构，这一建构的过程需要合作地进行，学习被安排在丰富的情境中，通过与他人的交流，学生能够反思已有的认识和理解。

1. 情境的类型

情境包括现实世界环境中的特征，这些特征要尽可能忠实地体现在学习环境中，包括物理的特征、文化的特征、社会的特征以及涉及所学知识应用的能力问题。

2. 建构的过程

知识的建构是在情境中进行积极的连接和反思过程的结果，所产生的知识是大脑的产品，是个体来自于情境的经验及对情境解释的结果。这些经验能够在学习环境也能够在真实世界环境中遇到。只有允许个体或团体依据他们的体验建构自己的认识和理解，而不是要求他们“学习”教师对这些体验的解释，这样的学习才是建构性的。

3. 学习者合作

学习者之间的合作在整个学习过程中都会发生。合作有利于发展、测试和评估学习情境中产生的不同认识和理解，并促进人际交流技能的形成。

4. 相互间交流

交流是合作所必需的，个人和小组在开始实施解决问题的计划之前，必须首先对这些计划进行协商。这一计划包括回顾已知的、思考需要知道的、考虑不同计划的可行性，以及它们所具有的潜能。交流是意义建立过程的重要部分，因为知识对我们大多数人来说，是以语言为媒介的。

建构主义学习环境具有真实学习情境、合作学习、注重问题解决等特色，所有的学习环境都依赖于技术，以使环境易于操作，计算机以及相关技术在建构主义学习的实现过程中发挥着举足轻重的作用。

（二）建构性学习环境的基本要素

建构性学习环境包括如下基本要素：①

1. 信息资源

学习内容及相关的辅助学习材料，包括教科书、录像带、教学软件、相关论文等。一般情况下，在学习环境中，高级复杂的知识内容都是以具体情景中的问题的方式呈现的，并有大量相关的案例，学生要借助相关的信息和案例，在解决情景性问题中获取知识和能力。

2. 认知工具

认知工具是支持、指引扩充使用者思维过程的心智模式和设备。在现代学习环境中，主要是指以计算机和通信网络相结合，用于帮助和促进认知过程的工具，学习者可以利用它来进行信息与资源的获取、处理、编辑、制作等，并可用其来表征自己的思想、与他人通信协作等。

3. 自主学习策略

学生在学习环境中要进行主动探索、主动发现，才能达到学习的目标。因此，适合学习者个别特征的自主学习策略应满足三个条件：一是要在学习过程中充分发挥学生的主动性，要能体现出学生的首创精神；二是要让学生有多种机会在不同情境下应用他们所学到的知识（将知识外化）；三是要让学生根据自身行动的反馈信息来形成对客观事物的认识和解决实际问题的方案（实现自我反馈）。

4. 帮助与指导

学习环境中，学习者是学习的主体，但并没有无视教师的指导作用，任何学习环境中，都存在控制、管理、帮助和指导的职责。教师在学习环境中确定学习任务，组织学习活动，提供帮助和指导，引导学生正确使用认知工具。教师是教学过程的组织者、指导者、意义建构的帮助者和促进者。

四、网络环境下混合式教学的实施模式

网络环境（尤其是网络教学平台和教育教学资源库）为混合式教学提供了有效的支持，将教师的教学行为由课堂内扩展到了课堂外，可以大大提高

---

① 余胜泉. 网络教学支撑系统的研究与实现［D］. 北京：北京师范大学，2000.

学生的学习效率和学习效果。基于网络教学平台及优秀教育教学资源库开展混合式教与学既可以发挥教师的主导作用，又可以发挥学生的主体性作用。教师在课堂教学中可以利用网络教学资源进行授课，课后学生可以借助网络教学资源和网络交互工具进行学习和讨论交流。

网络环境下混合式教学主要有建构性学习环境设计、课堂教学、在线教学和发展性教学评价等四个主要环节（如图 2－1 所示）①。

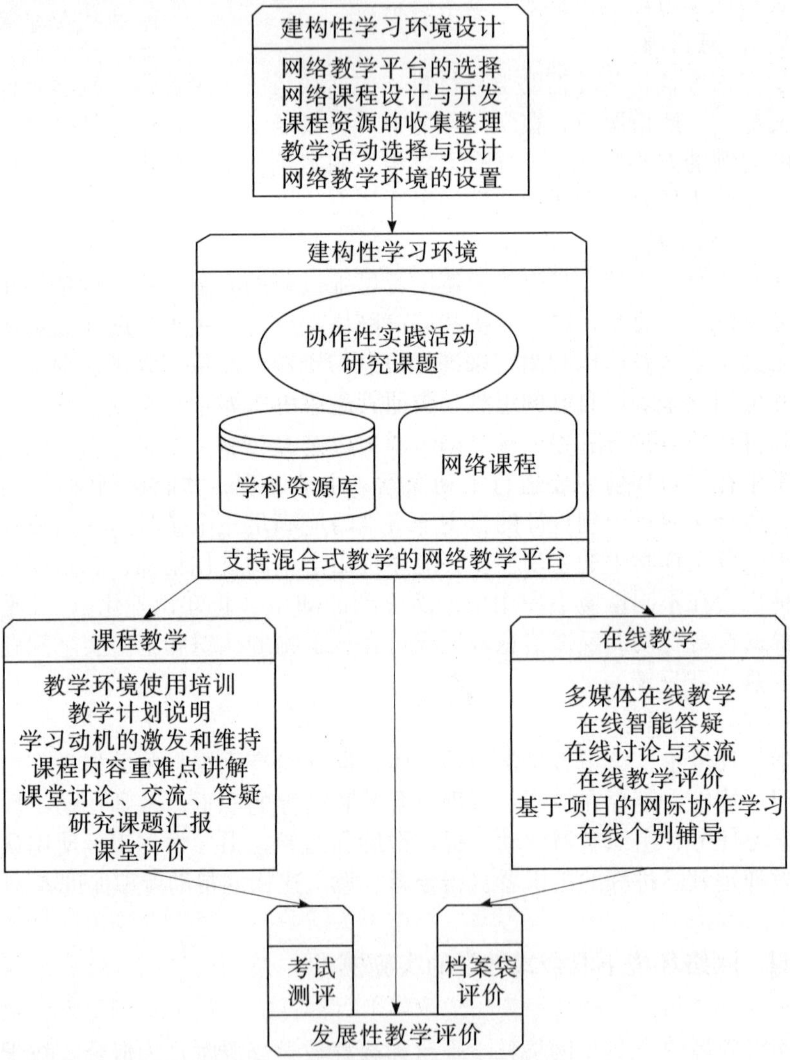

图 2－1　混合式教学的过程模式

① 余胜泉，路秋丽，陈声健. 网络环境下的混合式教学：一种新的教学模式［J］. 中国大学教学，2005（10）：50－56.

（一）设计建构性学习环境

1．选择支持混合式教学的网络教学平台

目前国内80%以上的高校已经建设了设备先进、功能完备的校园网络并通过CERNET和CHINANET接入国际互联网，为传统的学校教育和网络教育提供了良好的网络环境，但是网络的功能对于教学来说不应当只是教学内容的发布，而更多的应该是支持教学交互、教学评价和教学管理，教学交互、教学评价和教学管理是保证教学质量的重要环节。尽管网络能为教学提供丰富多彩的沟通交流功能，但是这些功能都是分散的，不利于教学的展开和管理，因此需要有一个集教学内容发布与管理、课堂教学、在线教学交互、在线教学评价、基于项目的协作学习、发展性教学评价和教学管理等功能于一体的网络教学平台来支撑混合式教学。目前国内较流行的通用网络教学平台有4A、清华教育在线、电大在线、网梯教学平台、安博在线等，国外则有WebCT、Blackboard、UKeU、Frontier、Learning Space等。

其中4A网络教学平台包括网络教学支持系统、网络教学管理系统、网络课程个性化定制工具和网络教学资源管理系统等四个子系统。它依托新世纪网络课程建设工程开发的精品网络课程以及高等教育出版社出版的其他优秀网络课程、教育教学资源库（教学课件库、常见问题库、试题库、案例库、素材库、文献资料库）等教学资源，不仅为学生提供了在线课程学习、在线自测、在线资源浏览等多种自主学习策略，也通过智能答疑系统、在线讨论系统、电子邮件系统、学习笔记、作业考试系统等实现了多方面的教学交互。4A网络教学平台不仅支持教师在线设计开发课程和教学资源，还支持教师进行教学活动设计，比如布置作业、设置讨论主题、为学生制订自测方案、答疑等，以此来引导和帮助学生。4A网络教学平台在为学生提供自主建构知识环境的同时，也能充分发挥教师的主导作用。

2．设计与开发网络课程

目标明确、结构合理的课程内容是开展教学并达到教学目标的基础，教育教学资源库为教师设计课程内容提供了大量的素材资源，精品网络课程为教师设计课程内容提供了良好的参考，教师可以选择适当的内容应用到自己的教学当中。目前一些流行的网络教学平台都支持国际上的网络教育资源标准，建议教师或技术人员参照网络教育资源建设相关标准（如IEEE－LOM、IMS－CP、ADL－SCORM等）采用面向学习对象的方式设计和开发网络课程，面向学习对象的e－Learning资源因其可重用、易获取、易更新、易管理、适应不同学习者需要以及可跨平台使用等特性，能够解决资源共享的问题。网络教学平台为教师提供了教学内容的组合、拆分和修改等功能，教师可以基于网络教学平台在线备课。

3. 收集与整理课程资源

优质、多样的课程资源是在网络环境下开展混合式教学的重要基础，没有优质的课程资源就好比是“高速公路”（高等学校的校园网）上行驶着没有装载“货物”（资源）的“列车”（网络教学平台）。如果说课程内容是为了达到教学目标而用于课堂上教师的教学和学生的学习的教育资源的话，那么课程资源则是为辅助课程内容达到教学目标而用于学生学习的扩展资源。课程内容一般是由呈现讲解型的内容和教学交互型的内容组成的有一定逻辑组织结构的网络课程，课程资源则是一个个视频、音频、动画、图形/图像、文本等多种类型的或复合型的多媒体教学微课件，既可以是内容呈现和讲解型的教育资源，也可以是用于教学评价的试题、试卷等资源，也可以是一些用于扩展学习内容范围的文献目录索引。课程资源的设计和网络课程的设计类似，都可以基于网络教学平台来完成。

要想促进学生知识的良好建构，资源内容的设计开发要从原来的“以教为主”转向“学教并重”，即不仅开发素材、课件类资源，更要开发支持自主探究、协作交流和研究性学习的有关资源。资源内容建设要朝既能支持教，又能支持学的方向努力。①

4. 选择和设计教学活动

教学活动是为了教学的深入展开而设计的一些探究性问题解决、小组协作问题解决、分组交流讨论、常见问题解答、在线智能答疑、自测方案、作业方案和作业评判等。教学活动应该参照已经设计好的课程目标、课程内容及其呈现形式，并按照教学的进度有针对性地选择和设计，即与具体的章节知识点相关联。教学活动的作用在于为学生创造具体的学习情境，并加强师生、生生之间的交流互动，因此恰当的教学策略对于教学活动的顺利展开尤为重要。

5. 设置网络教学环境

在这个个性张扬的时代，学生学习风格的差异性越来越大，学习和教学的需求也在朝多元化、个性化的方向发展。大部分网络教学平台采用全模块化的标准开发，通过建立模块化的构件允许用户对功能模块的灵活调度和重组，实现个性化定制。不同的课程、课程的不同阶段需要的功能可能会有所

① 何克抗. 教育资源建设的问题及其对策［EB/OL］.（2005－07－09）［2019－12－10］. http://www.edu.cn/20031126/3094951.shtml.

不同，这时教师可以定制在他的课程中呈现给学生的网络教学平台的功能模块，隐藏暂时用不到的功能模块或将常用的重要模块放在前面；学生则可以定制呈现给自己的网络平台的风格，包括各功能模块的顺序、呈现方式、页面风格等。

（二）实施课堂教学

传统的课堂教学一般存在内容形式单一等诸多弊端，而网络环境下的网络课程、扩展资源、各种教学活动等在很大程度上弥补了这种不足。

1. 培训教学环境的使用

教学环境使用培训主要是指培训教师和学生使用网络教学平台及其他课件演示工具或交互工具等，熟悉教学环境，排除技术障碍，为保证教学效率奠定基础。教学环境使用培训，乃至信息技术与课程整合的最终目的都是使信息技术成为辅助学生学习的高级认知工具。学会使用各种认知工具创设学习情境、提供学习资源、写作与创作、发表个人看法、交流、协作、探索和发现、计算与数据处理、提供练习与反馈、个别指导和评价、提供学习帮助和启示、成长记录、质性评估、学习反馈等。

2. 说明教学计划的安排

在课程开始之前教师需要将整个课程的教学计划以及各个阶段的教学计划公布在网络教学平台上，在课程教学进行的过程中，在每次课之前教师也需要将该次课的教学计划公布在网络教学平台上，以便学生准备和预习。教学计划说明的内容应该包括教学目标、教学内容、教学方式、教学活动安排和教学评价方式等。

3. 激发学生的学习动机

在线教学需要学生积极主动地参与，通过在课堂上讨论网络上的热门议题，表扬积极的学生并与学生进行情感互动，是鼓励和维持学生持续在网络上参与和讨论的最有效的措施，也是对在线教学进行补充和完善的重要机制。为此，教师在课堂教学中要注意给学生发言的机会、积极吸取和尊重学生的意见、适时地给学生鼓励等。师生之间的情感互动对于激发和保持学生积极向上的学习情感，激发并维持学生的学习兴趣和学习动机，促进学生人格的健康发展等都有重要的意义。

4. 讲授课程的重点难点

对课程中的重点内容的讲授，是保证学生快速掌握课程知识结构的重要措施。教师在课堂上使用预先设计好的网络课程教学，网络课程集成了精心设计和选择的多媒体课件，从多感官上刺激学生的感觉器官，有助于学生的理解和记忆。具有历史意义的事件回顾、情境案例等，数学公式的推导过程、化学/物理/生物实验的操作过程等，还有一些无法用肉眼观察到的微观世界模型等，都可以通过视频或 Flash 二维/三维动画动态地展现。

5. 讨论交流课堂的疑难

课堂讨论可以是在线讨论的起始，也可以是在线讨论的延续和深化。一次成功的课堂讨论、交流，首要的是教师设计一个有争论空间、有意义、能发挥学生的创造性思维的问题，然后正确引导学生的讨论方向，教师正确引导学生讨论交流的原则是“你可以不赞同对方的观点，但是你必须了解对方的这种观点和产生这种观点的原因”，这有利于发散学生的思维，使学生养成从多角度、全面思考问题的习惯。讨论交流的实施方式可以是多样的，对于大班教学一般是先分小组讨论，然后组间交叉讨论，最后教师总结讨论结果。

6. 小组协作研究的课题

要想培养学生的实践能力与创新精神，基于小型项目的研究性学习是有效的手段。项目研究的开展可以在网络和课堂上配合进行：在网络上主要是进行讨论、信息检索和处理、资料共享、成果展示、过程信息记录和评价；在课堂中则主要是组织小组汇报，在汇报过程中与教师深入交流和讨论，从而得到适当的点拨。这是保证基于项目的研究性学习质量的重要环节，也是促进学生知识建构和迁移的重要手段。

7. 评价课堂教学的效果

除了教学内容的讲授之外，教师还可以通过网络教学平台所提供的考试模块对当堂或前面的教学内容进行联机测试，对于客观题系统会自动给出测试结果，并反馈给教师和学生。教师可以根据学生的掌握情况和学习需求及时调整本课时的教学计划，或下一步的教学计划。

（三）课后基于网络的在线教学

课堂教学是基于班级常模进行的，也就说教师的教授只能满足大部分学生的一般学习需求，对于那些课堂教学无法解决或没有时间的问题，只有靠课后学生的自主学习和师生之间的交互来解决。

1. 多媒体在线教学

教师可以根据课堂教学的情况随时在线调整网络教学平台上呈现给学生的课程内容、教学资源或教学活动等。学生课后可以在线复习课程内容，对学习内容做深层次的思考，达到真正理解和掌握。4A 网络教学平台还为学生提供书签、学习笔记本、学习任务管理等辅助学习工具。除了课程内容之外，教师或学生还提供了辅助学生理解和掌握课程内容的扩展资源，学生可以从中发现新的思想、新的观点，得到新的启示，探索和体验更为广阔的知识空间。

2. 在线智能答疑

学生在线学习的过程中难免会遇到疑难问题，或者在课堂学习中有遗留的问题，这时学生可以将问题提交到网络教学平台的答疑系统。对于一些普遍性的问题，教师可将此问题及解答作为资源整理到答疑中心中，供其他学生遇到类似问题时作为解答参考。学生提问时系统会自动匹配问题资源，如果有类似的问题系统自动给出答案；若没有的话，学生需要等待教师或其他学生给出答案。这种智能化的答疑系统可以减轻教师答疑的工作量，缩短学生获得解答的时间。学生可以对其他学生的问题做出解答，同时在帮助别人的过程中获得提高。为了启发学生的思考方式或针对一些普遍性的问题，教师可以向答疑系统提出自己的新问题，由学生解答，也可自问自答，再将问题整理到问题资源库。这样，随着答疑系统的运行，问题资源会越来越丰富。

3. 在线讨论与交流

网络教学有良好的异步交互的优良特性，通过网络可以有效地对某一个论题进行深入讨论，弥补课堂讨论由于时间有限而造成的讨论浮于表面层次、感性成分居多、难以深入等缺陷。一般的网络教学平台都提供讨论交流模块，按照用户进入的课程来呈现论坛内容，讨论的主题可以由教师设置也可以由学生自己确定。讨论以发表文章为基本的讨论交流形式，交流不受时间限制，参与讨论的学生可以对讨论问题进行充分的思考，通过不同观点、立场的碰撞与交流，学生可以对一个复杂事物达到一个相对全面且深刻的理解。通过文章来表达自己的思想，可以大大提高学生的逻辑思考能力以及驾驭文字的能力。4A 网络教学平台的讨论交流系统将记录每个学生参与讨论的内容和相关统计数据，学生是否积极参与讨论以及讨论的深入程度是学习评价的一个重要指标。

4. 在线教学评价

自测、作业和考试等评价方式是保证教学质量的重要手段，尤其是在教学过程中进行的形成性评价，为教学策略的随时改进、实施个别化教学提供了依据。学生学习评价的实施可以借助网络教学平台提供的试题资源库、自动/手动组卷机制、作业催交、系统统计分析等来完成。教师可以根据教学进度抽取试题资源库中的一些试题组成试卷，作为学生巩固和复习课程内容的作业或自测，教师还可以根据学生的学习情况布置一些开放性的试题作为考试内容。不仅如此，学生在学习过程中也可以自己随机抽取与所学内容相关的试题组成自测试卷来进行自我评价。对于客观性试题，系统都可以自动批阅并给出评价和统计信息，对于主观性试题，则需要教师来批阅。每次作业或自测系统都会给教师一个统计报表，是教师进行教学调整的依据。

教师评价也是保证教学质量不容忽视的一个方面，对教师的评价可以采用学生匿名向教师提意见或打分的方式，教师还可以设计一些调查问卷放到网络教学平台上，以此来获取教学反馈从而改进教学。

5. 基于项目的网际协作学习

基于项目的网际协作学习就是一个班级分为几个学习小组，每个小组分配一个学习项目在网络环境下展开共同学习的学习方式。学习项目是针对一个实际问题确定的，不同于主题讨论的学习，小组成员在网络平台分配的各小组的学习活动空间里协同完成项目。小组成员有各自的任务目标，在完成任务的过程中，各成员遇到的问题可以上传到讨论组寻求帮助和讨论，而各自收集的资料可以放到小组共享的文件夹里共享。这种学习方式方便成员之间的跨时空交流和文件共享，有利于培养学生的协作能力和解决实际问题的能力。

6. 在线个别辅导

因材施教对于我国高校目前的大班级教学具有非常重要的意义。教师记住、随时了解每一个学生的背景信息和学习情况，是不现实的。网络教学平台提供了详细的统计与分析功能，教师通过查看学生的个人基本信息、学习历史记录、学习活动记录、学习成绩记录等，对学生进行诊断和了解，教师在充分了解学生的学习情况后，可提出有针对性的指导意见或辅导。

（四）发展性教学评价

发展性评价不仅要关注学生的学业成绩，而且要发现和发展学生的多方面潜能，帮助学生认识自我，建立自信，同时注重发挥评价的教育功能，促进学生在原有水平上的发展。其评价思想体现为从关注考试到关注学习者的成长，从关注结果到关注过程，从量化评价到定量与定性相结合的评价体系的转变上。在信息技术支持下，实施和推行面向学习过程的发展性教学评价无疑对高等教育教学评价体系的转变起到重要的推动作用。

在进行发展性评价时，应针对不同评价内容和相应的课程目标，适当选择和灵活运用评价方式，适当渗透表现性评价的理念，以学生在各学科知识学习与运用或运用信息技术解决实际问题过程中的表现和成果作为评价依据，全面评估学生在学科知识的基础、学习的过程与方法、运用信息技术解决实际问题的能力以及相关情感态度与价值观的形成。在网络环境的支持下可以在在线测评、档案袋记录、问卷等多个方面开展评价工作①（如图2－2所示）。

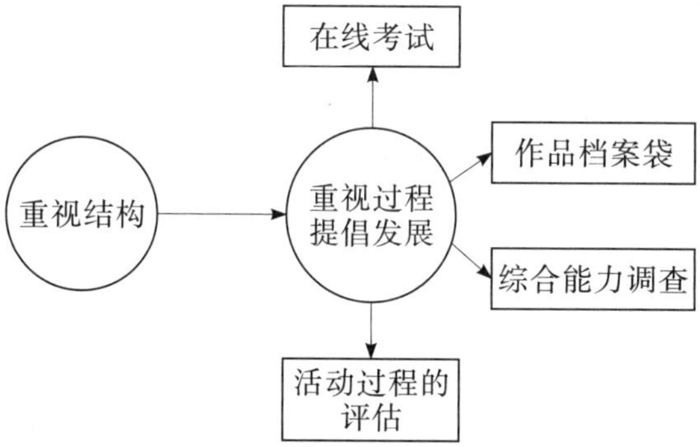

图2－2　网络环境下的发展性教学评价

1. 档案袋评价

档案袋评价（portfolio assessment）是网络环境下备受青睐的一种发展性评价方法，档案袋的主要功能是"存档""反思""交流"。网络环境下的混合式教学，体现学生的发展和进步的信息都非常容易地被记录下来，在档案袋中归类存储，成为教师了解学生的窗口，也是学生自我反思的对象。

档案袋的数据来源主要是课堂教学和课后基于网络的在线教学两个环节中产生的一些过程性数据，包括学生浏览课程内容和课程资源的情况、学生讨论交流中的发言次数和发言内容、小组协作中贡献的资料、小组协作中组员的评价、提问的问题和次数、解答其他学生或教师的提问的次数和答案内容、作业和自测的成绩、阶段性考试的成绩、学习笔记本中的内容等，这些数据是对学生的学习进行过程性评价和形成性评价的依据。

2. 考试测评

基于网络教学平台的数字化学习有利于考试测评的开展，教师平时可以利用网络教学平台给学生提供一些自测题或者作业题，用于学生的自我评价。由于网络教学平台可以实现自测题和作业的自动批改，这使得教师无须投入很大的精力就可以很容易地了解学生的学习过程，而不仅仅是通过学期末的一次考试对学生进行总结性评价。学生通过网络将学习结果、对课程的评价以及对教师的评价反馈给教师，教师可以了解前一阶段的教学效果、学

① 余胜泉，路秋丽，陈声健. 网络环境下的混合式教学：一种新的教学模式［J］. 中国大学教学，2005（10）：50－56.

生现在的需求和学生对教师教学方面的意见，并根据情况对前面的教学内容做补充以及确定下一步的教学，有利于发展性课程评价的展开。教师和学生通过多种方式的交流有利于教师多方面地了解学生，对学生进行多元的评价，引导学生健康地发展。

第二节　混合式教育实习模式的界定

一、混合式教育实习模式概念界定

本研究以华南师范大学砺儒实习工作坊为例，基于“互联网 +”技术，将工作坊模式应用于师范生的教育实习指导，采用自主研修、同伴互助、坊主引领与专家指导相融合的方式，依托“华南师范大学—中小学”协同发展联盟基地学校、网络研讨等，构建了“线上指导与线下指导相结合、集中研讨与分散实习相结合、大学教师指导与中小学教师指导相结合、教师引领与同伴互助相结合、预设指导与问题驱动相结合”的“五结合”混合式教育实习模式（如图 2 – 3 所示），开发和整合教育实习的优秀资源，有效提升师范生教育实习的质量和水平。

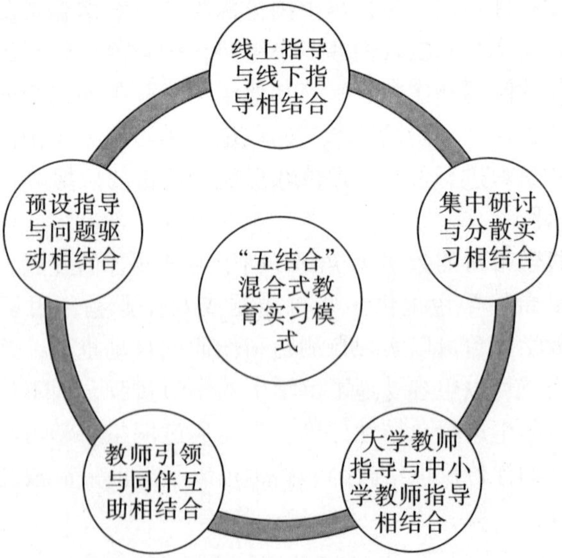

图 2 – 3　“五结合”混合式教育实习模式

本书所指的混合式教育实习模式，是以提升师范生实习质量为目的，以“互联网＋工作坊”为手段，以实习工作坊线上互动学习、实习基地学校教师线下实地指导、大学带队教师组织协调的混合式教育实习。该模式是在混合编队实习模式，有大学带队教师、实习基地学校教师实地指导的基础上的升级2.0版，即在借助“互联网＋工作坊”的支撑下，让师范生的实习指导更加完善、更加便捷、更加高效。

二、混合式教育实习“五结合”模式解读

从实践的特征看，混合式教育实习模式可以概括为“五结合”模式。

（一）线上指导与线下指导相结合

在当前教学科研任务均较重的情况下，大学教师往往无法全程实地跟随实习生进行现场指导，利用“互联网＋工作坊”，能够突破时空界限，更加便于指导教师与实习生的随时随地交流互动。同时，实习学校的学科教师和班主任教师的面授指导，与工作坊辅导团队的线上指导互为补充，形成一个有效的混合式实习指导新模式。

此外，为了保障混合式教育实习的顺利实施，大学照常按原来混合编队实习模式的要求，以2～3个实习队为单位，派1名带队教师，以顺利推进大学、实习基地学校、实习生三方的沟通协调，主要是处理实习生往返基地学校、日常后勤保障、突发事件的处理等，代表大学行使实习工作的组织协调的功能。

在实践操作中，为了高效统整各支队伍，我们安排大学教师同时担任两个角色：一是工作坊的坊主，以学科为单位，加上1～2名中小学学科教师，远程指导20～40个本学科的实习生；二是担任实习队的带队教师，负责2～3个实习学校的带队教师，主要做好实习工作的沟通、组织、协调工作。

本研究将重点阐述以工作坊团队开展实习指导工作。关于实习基地学校教师的面授指导和大学带队教师事务性的组织协调，本书暂不加以赘述。

（二）集中研讨与分散实习相结合

由于混合编队模式的一个实习学校的实习生由多个学科组成，而每个学科的学生又分散在不同的实习学校，一般每个学科在一个学校的人数为2～3人。在这种情形下，工作坊的远程集中研讨的优势就很明显，它能方便高效地将分散在不同实习学校的某个学科的实习生集中起来，就学科特定问题进

行专题辅导、在线研讨，同步教研、点对点的辅导等活动也能组织起来。

集中研讨，可以是同步的，也可以是异步的。工作坊指导团队，可以根据以往学科指导实习的经验，以及预计实习生在实习的不同阶段可能会出现的不同问题，设置专题，给实习生辅导；也可以整理优秀的实习资源、教学案例、拓展资源等，分门别类放到工作坊平台上，供实习生在备课中参考。这些都是异步的。

同步的情形：可以是师生约定某个特定的时间，譬如某个晚上，或者某个周末，或者某个各实习队的实习生都相对较易挤出来的时间段，就实习生比较关心的某个或某类问题，或者需要提请实习生重点关注的问题，以同步在线研讨的方式开展指导；也可以就某个实习生的公开课，举行同步课堂观摩，师生之间同步进行研课、评课、磨课；还可以通过平台召开实时会议研讨教育教学中遇到的需要大家讨论、琢磨的问题。

（三）大学教师指导与中小学教师指导相结合

通过组建工作坊团队，以师范大学学科课程与教学论教师为坊主，实习基地学校优秀一线骨干教师为副坊主构成的指导团队，实现了大学教师指导与中小学教师指导的有效衔接，发挥合力，工作坊成为理论沟通实践的桥梁和纽带，为实习生提供知行合一的指导。

大学教师的推荐，以每 40 名师范生推荐 1 名大学教师，以学科教学法教师为主，学科的专任教师为辅。然后，学校教务处根据各学院推荐的人选进行统筹安排。一般情况下，大学教师担任工作坊的坊主的同时，兼任 2 ~ 3 个实习队的带队教师。

中小学教师的推荐，由各实习基地学校推荐优秀的骨干教师为候选人，由大学的坊主老师根据实际需要，与实习基地学校教师结对子，组成相应的工作坊指导团队，协同作战，开展工作坊的指导工作。

（四）教师引领与同伴互助相结合

以往的实习指导，我们更多是主张“将教兵”的方式，即教师指导实习生，而忽略了“兵教兵”的方式，即实习生之间的同伴互助。其实，同伴互助也是提高实习效果的一种有效途径。同龄人的成功经验，实习生们会觉得可复制性更强，更容易得到实习生的青睐。统一的工作坊平台，为实习生之间更好的相互借鉴学习提供了契机，让教师的引领与实习生同伴互助融为一体。

除了工作坊坊主、副坊主团队提供的指导外，我们在工作坊中特别开辟了“教学实习周记”专栏，要求每个实习生，每周至少撰写一篇教学实习周记。实践证明，实习周记的撰写，至少有如下几个方面的作用：

一是提升实习生的教学反思能力。新课程改革要求教师不能仅做一名教书匠，要做研究型的教师。而研究型教师，首先需从反思做起，通过周记，对每周的教育教学进行总结，反思。这既是对过往的及时有效的总结，也是未来进一步提升的良好契机，利用得好，实习生的教学能力、教育研究能力均得到较快的提升。

二是锻炼实习生的书面表达能力。在教书育人过程中，书面表达能力与口头表达能力具有同等重要的作用。毕竟，通过公开的途径发表出来，让实习生感到是压力，也是动力。通过硬性要求，每周至少写一篇实习周记，能有效倒逼实习生书面表达能力的提高。

三是促进实习生之间的交流借鉴。同辈之间最易交流，也最易模仿。榜样的力量是无穷的。同龄人的实习心得，更容易让实习生得到启发，更容易让实习生显得亲近，更容易引起实习生的共鸣。

四是提高教师实习指导的针对性。教师通过阅读实习生的实习周记，可以了解到实习生的收获、体会，也可以了解到实习生的问题、困难，“从实习生中来，到实习生中去”，从实习生的实际需求出发，开展的专题辅导或者在线研讨，更加有效。

（五）预设指导与问题驱动相结合

实习生在实习过程中，会遇到各种各样意想不到的问题，即使是经验丰富的指导教师，也不可能通过提前预设的专题辅导解决实习生动态发生的问题，况且，每届实习生不同，实习生遇到的中小学生也不同。因而如何了解实习生的实际需求，开展有针对性的辅导就至关重要。除了传统的聊天工具（如微信、QQ 等）、邮件等，指导教师在实习工作坊上的问题讨论区、教学实习周记区了解实习生的实际情况，实习指导时就会有的放矢。

通过教师有组织有计划的预设指导，包括专题辅导，在线研讨、同步教研等，同时，也充分考虑学生实际需求，设立了“教学实习周记”“问题讨论区”栏目，让实习生及时分享实习过程中的经验体会、问题或建议．指导教师团队通过多维度了解实习生在实习过程中的收获及困惑，动态调整指导对象、指导内容、指导方式等。预设指导及以实习生的问题为驱动导向的生成指导，使得实习指导工作更具针对性。

第三节　混合式教育实习模式的研究框架

一、研究方法

（一）文献分析

主要通过文献分析，综合目前师范生教育实习研究的现状，拟定本研究的研究框架。结合工作坊的特征、任务，并根据实习带队教师多年实习指导的经验，统筹设计工作坊的类型、任务、实施路径和方法。

（二）调查研究

调研师生等用户需求，构建实习工作坊平台。组织技术开发人员、师生代表座谈，调研需求，根据实习过程中的需求设计平台方案，测试，反馈意见，不断调整优化平台建设，推向大面积应用。

（三）行动研究

根据设定的平台框架、工作坊的目标任务，预计实习过程中师范生可能遇到的问题，以及根据实习过程中实际发生的各种问题，及时跟进，调整平台的功能，组织坊主跟进辅导。

二、研究路径

（一）设计工作坊的类型和任务

分类型、分阶段、分科目设置实习指导的内容和任务，并根据实习生在实习过程中产生的新问题，作动态的调整和更换。从类型分，主要分为课堂教学指导工作坊、通识能力工作坊；从阶段分，主要分为实习前段、中段、后段；从科目分，主要分为语文、数学、英语、物理、化学、生物、政治、历史、地理等学科。

（二）建设工作坊网络平台

根据任务需求，建设实习工作坊网络平台。由网络中心提供技术支持，利用华南师范大学砺儒云课堂平台等存储条件和云平台技术，在硬件、软件方面有效保障工作坊平台的正常运行。

（三）遴选坊主和副坊主

遴选大学教师担任坊主，主要为各学科教学法教师及专业教师；遴选中小学教师担任副坊主，主要在“华南师大—中小学”协同发展联盟学校中遴选，主要为特级教师、正高级教师、高级教师。就学科课堂教学指导工作坊而言，每个工作坊，按生师比 40：1 的比例安排坊主，并按 20：1 的比例配备中学教师担任副坊主，确保指导工作的扎实有效。

（四）确定参加工作坊的学生

先在混合编队实习生中试点，成熟后推广到全校所有实习生。

（五）在实践中完善工作坊

在技术上，根据师生在实践过程中发现的问题，不断完善平台建设，让平台更好用，更符合实习的需求。在内容上，坊主根据指导过程中，根据经验和实际，不断充实、调整实习指导的内容和方案，不断优化指导的方式和方法，让工作坊平台逐步成为一个混合式学习的新平台。

三、研究计划

本研究计划分三个阶段，以在研究的两年期间试点、完善，后续进一步推广应用教育实习远程指导工作坊。

（一）试点阶段（2016 年 9 月至 2017 年 12 月）

在混合编队教育实习生中试点“互联网 + 工作坊”模式下的教育实习远程指导，含语文、数学、英语、物理、化学、生物、政治、历史、地理、音乐、美术、计算机、教育技术等 13 个学科。建设工作坊，设置工作坊的任务，确定参加的师生，组织开展相关试点工作。

（二）完善阶段（2018 年 1 月至 2019 年 12 月）

在总结试点阶段师生使用平台中发现的问题，分门别类地采取针对性的改进措施，完善平台建设，充实实习指导任务，科学设置评价方案，并进一步在实践中检验。

（三）推广阶段（2020 年 1 月至今）

在试点完善的基础上，将远程指导模式推广到全校的师范生、非师范生，并辐射到兄弟单位，不断发挥实践教学远程指导模式的作用和影响。

四、技术路线

首先，通过“为何”“何为”两个维度出发，厘清“为什么”要实施混合式教育实习模式，混合式教育实习模式究竟“是什么”，为开展混合式教育实习模式扫清认知上的障碍。

其次，阐述混合式教育实习模式实施的路径，特别论述实习工作坊的任务设计，并分别以典型案例予以说明。

最后，从学生、教师、实习基地、师范大学等维度说明混合式教育实习模式带来的可喜变化，并进一步从理论上和实践上阐明混合式教育实习模式的创新之处。

混合式教育实习模式实施技术路线如图 2－4 所示。

图 2－4　混合式教育实习模式实施技术路线

第三章　混合式教育实习模式的实施路径

第一节　创建"互联网+"实习工作坊

一、工作坊的类型及任务

基于 Moodle 课程管理系统及"互联网+"技术支持下，创建"互联网+"教育实习指导平台——"砺儒实习工作坊"，通过"砺儒实习工作坊"实现混合式教育实习模式的线上指导部分。

"砺儒实习工作坊"平台由课堂教学指导工作坊、班级管理指导工作坊、综合管理指导工作坊等三类子平台构成。

（一）课堂教学指导工作坊

课堂教学指导工作坊，按语文、数学、英语、物理、化学、生物、政治、历史、地理、音乐、体育、美术、信息技术、通用技术等不同学科进行设置分组，不同学科的实习生参与相应学科课堂教学指导工作坊的学习互动。

课堂教学指导工作坊围绕备课、上课、辅导、批改、考试、评价、说课、观课、评课等主题开展指导。

课堂教学指导工作坊的基本任务：

（1）每周组织至少一次学科教学在线交流活动。

（2）每两周给实习学生安排一个辅导专题。

（3）为每个实习学生点评一个课堂教学视频。

（4）查阅实习生每周提交的教学实习周记，根据实习学生表现动态调整指导内容和指导策略。

(5) 整理、汇编指导资源。

(二) 班级管理指导工作坊

班级管理指导工作坊是主要针对中小学校的班级管理、心理咨询、教育管理等方面设置的工作坊。

班级管理工作坊围绕班干部选拔与培养、班级文化建设、主题班会组织、学生转化、学生心理辅导、综合性实践活动开展等主题开展指导。

班级管理指导工作坊的基本任务:

(1) 每周组织至少一次在线交流活动。

(2) 每两周给实习学生安排一个辅导专题。

(3) 为至少 10 个实习学生各点评一次主题班会视频。

(4) 整理、汇编指导资源。

(三) 综合管理指导工作坊

综合管理指导工作坊主要针对师范生教育教学通识能力设置，如教育研究工作坊、信息技术应用工作坊、综合实践活动指导工作坊等。

综合指导工作坊围绕信息技术与教学的融合、教育调查、文体活动开展等主题开展指导。

综合指导工作坊的基本任务:

(1) 每周组织至少一次在线交流活动。

(2) 每两周给实习学生安排一个辅导专题。

(3) 整理、汇编指导资源。

二、工作坊的功能和架构

(一) 工作坊的功能

通过工作坊指导教师团队的远程指导和实习学校科任老师和班主任老师的面授指导，实现实习的线上指导与线下指导相结合的混合式教育实习指导模式。主要实现如下功能:

1. 线上同步实习指导

同一个工作坊的师生，就某一个问题，约定一个特定的时间，在平台上开展实习指导，是实时、同步的。讨论的主题可以是指导教师认为有必要与实习生讲解清楚的问题，也可以是实习生自主提出来需要大家共同探讨的问题，还可以是指导教师根据实习生的周记反馈的共性问题。

2. 线上同步课堂研讨

可以针对学科内某章节、某片段、某公开课等，组织同一个坊内的师生开展同步互动的课堂研讨，听课、评课、磨课、说课等均可采取这种方式。学生的现场感会强烈一些。

3. 线上同步会议讨论

这是视频会议模块。无须分散在各实习队的实习生舟车劳累，可方便快捷地组织会议。实习中需要解决的问题，能够快速有效得到解决。

4. 线上异步专题辅导

这是根据指导教师历年参与实习指导的经验，提前预判实习生在实习过程中经常遇到的一些问题，或者最需要教师提醒点拨的一些问题，以专题辅导的形式，提供给实习生。实习生可以随时随地根据自身的需要，在相关的辅导专题中获得专业的帮助。

5. 教育实习问题讨论

这相当于论坛、博客的形式。指导教师、实习生均可以根据实习过程中的实际需要，开辟新的帖子，讨论实习相关的问题。这有利于充分发挥同伴的互帮互助，激发实习生自身的积极性和主动性，有不少实习过程中的问题，实习生之间相互协助就解决了，这有效缓解了指导教师的压力，避免事事均需指导教师亲力亲为。在解放了指导教师的同时，也有效提升了实习生的能力。

6. 优秀实习资源共享

指导教师将自己多年积累的优秀实习资料在平台上共享给实习生，包括优秀的课堂教学案例、名师授课实录、各类教师竞赛视频、电子教材、教参、备课素材、中高考卷、测评题等。实习生也可以贡献自己收集到的实习资源，“众人拾柴火焰高”，通过共建共享，师生均可以获得更多的收获。

7. 教学实习周记分享

教学实习周记分享，让所有的实习生均有发挥的舞台，能充分发挥实习生潜能。优秀者可以分享自己的好的经验、好的做法，同时也是将自身的做法进一步提炼与升华，帮助了别人，也提升了自己；后进者可以提出自己的问题与疑惑，其他同伴可以给予其帮助和建议；普通者可以通过倒逼自己，提升表达能力，厘清思路，总结经验，夯实基础。周记的分享，可以让实习生互相启发，互通有无，相互鞭策，共同成长。

（二）工作坊的架构

工作坊平台，是连接实习生和指导教师的一个便捷工具。每个实习生加入三个工作坊，即自己所属学科的课堂教学工作坊，以及不分学科的班级管理指导工作坊和综合管理指导工作坊。每个坊分别由专业的指导教师团队提供指导。工作坊结构如图3－1所示。

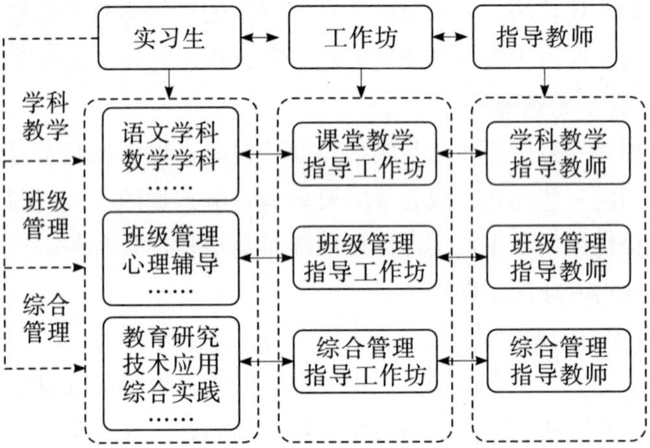

图3－1　“互联网＋”教育实习工作坊结构图

目前既可以通过微信公众号登录，也可以直接用手机或者PC登录工作坊平台网站（具体登录方式见附录2.2工作坊登录指引）。

第二节　组建实习指导教师团队

一、工作坊组织结构

（一）课堂教学指导工作坊

分专业设坊，每个专业可设若干工作坊，每个工作坊由1名坊主、若干名副坊主（副坊主按20：1生师比配备）、40名左右实习学生组成。坊主由本校教学法教师担任，副坊主为在“华南师范大学—中小学”（以下简称“华南师大—中小学”）协同发展联盟聘请的特级教师、正高级教师、高级教师等骨干教师、名师中选聘担任。其中每个工作坊至少有1名副坊主由中小学特级教师或正高级教师担任，其他副坊主从指导教师中产生，副坊主由坊主选聘。

"华南师大—中小学"协同发展联盟由华南师范大学牵头组建，共吸纳了160多所国家级示范性高中和省一级中小学校加盟①，成员覆盖广东省的珠三角地区、粤东、粤西、粤北地区知名中小学，汇聚了广东省内中小学校大批优秀一线教师，坊主、副坊主构成了一支理论引领与实践指导兼备、大学教师与中小学教师协同引领实习生实践指导的"双导师"团队。大学教师和中小学教师的强强联合，通力合作，与实习生一道，三方构建了师生专业学习共同体，促进了师生专业协同发展②，实现大学教师指导与中小学教师指导相结合。

坊主原则上由带队教师兼任，即带队指导教师具备两种身份：一是若干个实习队的带队教师，负责这些实习队的带队、组织、协调、管理工作，是以实习队为单位，不分学科；二是所在学科的课堂教学指导工作坊的坊主，聘请协同发展联盟学校的优秀教师担任副坊主，共同负责本学科的几十个学生的课堂教学实习指导工作，以学科为单位，不分实习队。

（二）班级管理指导工作坊

设坊主1名，副坊主6名，坊主由任教"教育学"或"心理学"课程的教师担任，副坊主从"华南师大—中小学"协同发展联盟成员学校中获得省级以上优秀班主任或优秀教师称号的现任班主任中产生，副坊主由坊主选聘。

（三）综合管理指导工作坊

设坊主1名，副坊主3名，坊主从教育科学学院、心理学院、体育科学学院、音乐学院相关教师中产生，副坊主从"华南师大—中小学"协同发展联盟成员学校中获得中级职称以上的现任教师中产生，副坊主由坊主选聘。

---

① 林天伦，沈文淮，熊建文．骨干专家型教师"五位一体"培养模式构建与实践［J］．中国大学教学，2015（5）：45－48.

② 林天伦，熊建文，彭上观，等．分段式、层次性四年一体教育实践模式构建与实践［J］．中国大学教学，2016（2）：79－82.

二、工作坊坊主遴选

（一）基本条件

工作热情高、责任心强，教学经验丰富，有一定的信息技术应用基础，熟悉基础教育，中级职称以上。

（二）遴选程序

符合条件的教师由其个人向所在学院提出申请，学院初审后向教务处推荐，教务处组织相关专家对候选人进行遴选。

三、工作坊坊主职责

（1）组织在线交流活动。
（2）安排实习辅导专题。
（3）点评实习生课堂教学视频。
（4）查阅实习生教学实习周记。
（5）整理与汇编实习指导资源。

四、工作坊指导工作评价

为了激励工作坊坊主带领指导团队有效开展指导工作，我们依据工作坊远程指导的特点，综合工作坊平台前端的交流互动情况、工作坊平台后台数据、团队提交总结材料、团队互评情况、学生互动情况等统筹考察工作坊坊主团队的工作表现，以激励先进，鞭策后进，给予辛勤付出的老师适当的补贴奖励。

如下列出 2018 年华南师范大学教育实习工作坊实施效果评价标准，供参考。

华南师范大学教育实习工作坊实施效果评价标准（暂行）[①]

一、评价指标

（一）指导情况

指导情况分5个维度。

1. 指导活跃度（占40%）：主要考察指导教师发布活动及资源提供情况，其中，发布主题数和发布活动数占20%，发布的资源数占20%；

2. 工作时间度（占10%）：主要考察工作坊主在线工作时长；

3. 作业批改度（占20%）：主要考察批改学生提交作业的完成情况；

4. 学生活跃度（占20%）：主要考察学生参与主题讨论和作业提交情况；

5. 团队协作度（占10%）：主要考察工作坊的整体效果，相互协作的情况。

根据5个维度综合评定成一个总的评价。

【备注】

1. 如果指导活跃度、工作时间度、作业批改度三个指标均为0，则认定教师没有参与实质性指导工作。

2. 教师没提交任何总结材料的，不能获得任何补贴。

（二）总结报告

总结报告主要考察计划拟写、经验提炼、问题建议的有效性。

（三）资源汇集

资源汇集主要考察资源的丰富性和有效性。

二、发放标准

（一）指导情况

分基本酬金+奖励酬金。没参与实质工作的，不发放任何报酬。其中，奖励酬金分六档：ABCDEF。

（二）总结报告

奖励分五档：ABCDE。

（三）资源汇集

奖励分五档：ABCDE。

三、发放对象

（一）指导情况的酬金直接发给各个指导老师。

（二）总结报告和资源汇聚发给各个坊主，由坊主根据实际工作情况决定是否酌情发放给副坊主或其他辅助人员。

---

① 此为华南师范大学实习工作坊指导教师评价标准，从2016年开始试行。起草者：彭上观。

五、工作坊学生评价机制

(1) 设立优秀实习生专项。

优秀实习生评选名额的10%用于奖励在实习工作坊中表现优秀的实习生。

(2) 设立教学实习周记优秀奖。

按20%比例设立教学实习周记优秀奖，用于奖励周记撰写优秀的实习生。

(3) 工作坊参与度纳入实习成绩评定。

实习生参与工作坊的表现作为实习成绩评定的参考因素。各学院在评定学生实习成绩时应综合考虑实习生在工作坊活动中的表现。

第三节　设计系统性的指导内容

一、工作坊任务的整体设计

统筹考虑实习前期、实习中期、实习后期等不同阶段实习生的实际需求，分学科、分类别、系统规划、科学设计各类工作坊的指导内容（见表3－1），采用恰当的指导方式。同时，还及时根据实习指导过程中实习生提出的共性需求与个性问题，采取针对性解决方案，其中，共性问题采取专题辅导、在线研讨、资源共享等方式；个性问题采取个别辅导、个别交流（回帖）等形式，为实习生答疑释惑。以教师主动引领和学生自主提出问题相结合，预设性引领与生成性驱动相结合的方式，多途径、多渠道引领和支持实习生的专业成长。

表3－1　实习工作坊的任务设计

序号	类型	指导内容	指导形式
1	专题辅导	如何备课、上课、说课、评课等；某一章节、某个片段的教学研讨、教学理论、教学技能、班级管理等	指导教师针对实习过程中可能需要用到的理论、技能、方法、技术等方面提供专题辅导；也可以根据学生提出的普遍的共性问题进行专题研讨

续上表

序号	类型	指导内容	指导形式
2	问题讨论	分享实习经验、讨论实习问题	问题讨论区，师生互动、生生互动，此研讨同步、异步均可
3	在线研讨	研讨实习中的重点、难点、关键点问题	师生商议特定的时间，就某个共同关心的实习话题开展研讨，此为同步、实时研讨
4	同步教研	观摩、研讨实习生公开课	实习生公开课，不同实习学校的实习生、指导教师团队可以一起观摩、研讨
5	视频点评	点评实习视频	指导教师对实习生试教、正式上课的视频进行点评，其他同学也可以补充
6	作业点评	点评实习作业	指导教师对实习生提交的实习相关的作业进行点评，其他同学也可以参加评论
7	实习周记	查阅、点评教学实习周记、班级管理周记	实习生每周至少撰写一篇实习周记，记录成长的点滴体会，反馈实习过程中的困惑与思考；指导教师根据实习生的反馈，适时调整指导的内容、方式方法等，也可以将实习生成功的、具有代表性的做法向其他同学推广
8	实习资源	共享优秀实习资源	指导教师根据历年来实习指导的经验，上传优秀的实习资源，以及一些优秀教师的教育教学资源，包括视频、微课、文档等，供实习生参考

二、工作坊任务的特点分析

（一）从指导的问题类型看

大体上可以分为三类：教师主动引领类、学生主动提出类、优质资源共享类。

1. 教师主动引领类

即指导教师根据自己的指导经历和经验，通盘考虑实习生在实习过程中可能存在的问题，或者需要帮助辅导提高的地方，以专题辅导、在线研讨、资源共享、作业布置等方式，引领实习生开展实习工作。

2. 学生主动提出类

实习生在实习过程中会遇到各种问题，可以通过问题讨论区、实习教学周记、邮件、聊天等方式反馈给指导教师，指导教师收集后，根据问题的类别，个别问题个别解答；共性问题，面向全体实习生加以指导。

3. 优质资源共享类

实习生在备课、教育教学过程中，需要各种参考素材，需要借鉴各种案例，实习指导教师在平时的带队指导实习过程中，做个有心人，将优质的实习资源做分门别类的汇总，在实习工作坊平台上提供给实习生，实习生在实习过程中就会少走很多弯路。当然，实习生在平时的学习中，发现好的资源，也拿出来跟同伴分享，那么，工作坊平台的资源将会越来越丰富。

（二）从指导的时效性看

从时效性看，工作坊的指导可分为实时、同步的指导和非实时、异步的指导：

1. 实时、同步的指导

实时的、同步的指导，师生的现场感较强，但要求教师和实习生在某个特定的时刻均能抽出时间来，这类活动需要提前确定时间。例如，同步课堂观摩、在线同步问题研讨等就属于这一类。

2. 非实时、异步的指导

非实时、异步的指导，具有较强的灵活性。师生可以根据自身的时间调控交流的节奏，缺点是不如实时的快。例如，专题辅导、资源共享、作业提交与点评、实习周记等均属于这一类。

（三）从指导的时间段看

师范生的教育实习，是一件跨越时间段较长的工作。目前实习时间是8~9周，未来会延长到一个学期。不同的时间段，实习指导的内容和方式方法都应当有所差异。大体上看，实习指导可以分为前期指导、中期指导、后期指导三个阶段。

1. 实习前期指导

侧重熟悉实习基地学校、实习基地学校的老师、学生。可以从听课、备课及教研活动中尽快熟悉，做好上课前的准备工作。这段时间大致为2~3周。

指导的内容，可以引导实习生如何听课，优秀教师和新手教师的差异，正式上课前需要做哪些准备，如何备好一节课，如何做好试讲，信息技术的使用与传统黑板的运用等等。

指导的方式，更多的是问题驱动，启发实习生思考，并大胆尝试，尝试撰写教案，尝试撰写班会课方案，尝试试讲，等等。

2. 实习中期指导

侧重于如何站稳讲台。从前期的对实习学校相关情况的熟悉后，逐步过渡到正式上课。这段时间为 4 ~5 周。

指导的内容，可以是课程标准的把握、教材的使用、某个章节内容的教学设计、学情的了解、学生认知心理的把控、针对不同层次学生的教学对策等等。

指导的方式，可以用主动引领与兼顾学生问题驱动的方式，将实习生普遍存在的问题，以专题的形式给实习生辅导；此外，争取给每个实习生选取一个典型的片段加以个性化的指导。

3. 实习后期指导

侧重实习阶段的总结反思，在临近结束时，需要对这段人生难得的经历加以总结，反思，才会有不断的提升。这段时间为 1 周左右。

指导的内容，可以是针对教学的内容、教学的方法、学情的把握、听课及评课等方面展开。

指导的方式，可以由教师提出具有启发性的问题，引领实习生各自思考自己的得失，提炼自己的教学收获以及总结后续的努力的方向。

第四节　创新实习远程指导方式

一、混合式实习要求指导方式创新

目前高师院校普遍采用的混合编队实习模式，是多个学科的实习生安排到同一个实习学校实习，每个学科为 2 ~3 人，同一个学科的实习生较为分散。通过“互联网 +”工作坊平台，以学科为单位，将分散在不同实习学校的实习生聚合在一起，让实习生在实习过程中获得的成功经验得到及时的分享，遇到的问题或困难得到及时答疑解惑。

辅导教师团队通过专题辅导、在线研讨、在线答疑、作业点评、周记点评、案例点评、同步教研等方式，解决了同一学科的实习生因为分散在不同实习学校而无法及时分享、交流的瓶颈问题，实现了实习生的集中研讨与分散实习相结合。

二、教育实习远程指导的主要方式

（一）问题驱动式

教育实习指导的目的，很大程度上是解决实习生在实习过程中需要解决的问题。因此，问题驱动式的指导，应当成为实习指导中占主导地位的方式之一。关于问题的来源，一类是指导教师主动发现的问题，可以是指导教师在指导往届实习生发现的普遍存在的问题，也可以是与本届实习生交往过程中、交流中、工作坊指导过程中，实习周记反馈的问题，经过凝练，提出相应的问题，并提出自己的建议与对策供实习生参考。另一类是实习生主动提出的问题，即实习生在实习过程中，所见所闻，所思所想，所读所写，所说所做等发现的一些问题，或者疑惑，主动反馈给指导教师，指导教师应当及时对实习生所提出的问题给出建议与指导。个性的问题个性回复，共性的问题采取面向全体实习生的方式加以指导。

（二）专题辅导式

以往如果需要专题辅导，需要将实习生集中起来，兴师动众，效果也未必好。在混合式教育实习模式中，辅导教师可以根据实际需要，随时发起专题式辅导，可以是同步实时的，也可以是异步非实时的。辅导的内容，可以由指导教师提前录制一些实习指导的微课，制作一些 PPT 课件、Word 文档材料，收集一些实习的专题资料发布在工作坊平台上。学生可以根据自身的需求，选择恰当的时间，选择合适的内容，进行自我学习与提升。

（三）问题研讨式

这个方式类似 BBS 论坛的形式，可以由指导教师发起，也可以由实习生发起。针对实习中发生的问题，发起问题讨论的帖子，指导教师、实习生均可以讨论、回复，群策群力，发挥大家的智慧，共同推进实习工作的顺利进行。

（四）作业点评式

为了检验实习生的现实表现情况，在混合式教育实习模式中，要求实习生提供一定量的作业，以供指导教师点评。通过这种方式，让实习生得到指导教师的指导，同时指导教师也了解实习生的真实授课等教学情况。作业主要包括两大类：一是文档类，即指导教师布置作业后，要求实习生提交的作业以 Word 文档（或 PDF 文档）的形式呈现；二是实习生以视频的形式提交作业。指导教师通过点评文档类或者视频类作业的形式，给实习生个性化的指导。教师的评语，其他实习生也能查看，这有利于实习生的相互借鉴和学习。指导教师还可以将优秀的作业案例置顶推荐分享，让其他实习生便于从优秀的榜样中吸取养分，也给优秀者鼓励和肯定，促进实习生的相互成长。

（五）资源共享式

师范实习生在时间紧任务重的情况下，作为一个新手教师，要顺利完成实习任务，需要借助大量的资源支持。以往的实习中，由于缺乏统一的平台，实习资源分散在不同的地方，实习生查找要费时费力。现依托实习工作坊平台，指导教师可以将实习相关的资料，经过整理，分类放上平台，让实习生很便利地获得相应的实用资源。实习生感到实习工作坊平台就是一个宝藏。同时，实习生也愿意将自己手头掌握的优质资源在平台上共享，久而久之，这就成了师生协同成长的共同家园。

第五节　建构多元实习评价体系

一、教育实习现有评价体系的不足

评价体系是教育实习的重要组成部分，是检验实习效果、提升实习质量的重要途径。但在目前师范生教育实习评价的实践中，存在一些不良倾向，譬如，有实习学校给整个队的实习生评价均为 100 分；又如，有个别实习生以考研或者找工作为名，经常请假，甚至出现没有实质性参与实习的现象，给实习队和所在大学产生非常不好的影响。但由于缺乏客观的依据，加上社会上的一些不良现象，导致实习基地学校的教师不敢给表现不好的实习生差评。

之所以出现这样或那样的问题，实习评价体系不完善是其中一个重要的原因。谁来评（主体），评什么（内容），怎样评（方式），依啥评（标准）

等方面存在一定的偏差，亟须加以改进。①

（一）评价主体相对单一

教育实习是个系统工程，涉及多个利益主体，教育实习评价作为教育实习过程监控与结果评估的重要手段，其评价主体也应实现多元化，强调多方参与、共同评价，以便客观、公正、全面地评价师范生的实习效果，也为未来高校、教育行政部门、中小学建立良好的协同管理机制与实现良性互动奠定了基础。但事实上，大部分教育实习评价主要以实习指导教师评价及实习带队教师评价为主，地方教育主管部门、教育实习基地相关管理部门、实习生群体、实习生自身、实习基地学生及高校相关部门则参与缺失，导致教育实习评价主体单一。虽然实习指导教师与实习生相处时间较长，但由于我国中小学教师普遍承担着沉重的教学任务，日常性事物也比较庞杂，且其关注点是实习生课堂教学技巧的获得及班级管理能力的提升，导致其对实习生的实习认知、实习态度、职业理想、专业认同等方面的了解非常有限。因而，作为教育实习的重要评价主体，实习指导教师关注焦点的偏离必然导致其评价的片面性，致使其无法从整体上客观评价教育实习及其对实习生的影响。而教育实习另一个评价主体——高校实习带队教师，由于管理的实习点较多，精力、时间有限，对每个实习生实习过程的了解并不全面，对实习中存在的问题也无法及时处理，导致其对教育实习的评价也会存在主观臆断的问题。总而言之，教育实习评价主体的单一性严重影响了教育实习质量，在今后的教育实习中应增加评价主体，提高教育实习的效果。

（二）评价内容部分偏离

教育实习既是培养师范生师德素养、提高其教育教学能力的重要途径，也是全面检验高师院校人才培养质量的重要契机。因而，教育实习评价不仅要考核师范生的教学能力与教学素质，还要考量其师德素养。师范生在教育实习中不仅要掌握课堂教学与班级管理的知识与技能，提高自己的教学素养，更要养成正确的教育理念，树立良好的职业道德。“德”是考核与评价教师的第一标准，我国对教师师德师风的考核施行“一票否决制”，师德有损者将会被逐出教师队伍。所以，教育实习评价应全面考核实习生的师德水平与教学能力，但当前教育实习评价却偏离了这一主题，仅关注对实习生教

---

① 邱艳萍，何斯琪. 高师院校教育评价问题研究［J］. 教育观察，2019，8（13）：105－107.

学能力的评定，而忽略了更为关键的“德”。同时，教育实习评价的反馈功能也难以体现，很多高校的教育实习都止于学生返校后相关材料的提交。高校二级教学单位的教育实习反思难以真正到位，对教育实习反映出的人才培养中的短板往往视而不见，通过评价改进教学质量与教育管理常常成为一句空话。教育实习评价内容的偏离不仅影响评价效果，也制约了教师教育类专业教育实习质量的提高与人才培养质量的提升，进而阻碍了师范生的高质量就业。

（三）评价方式不尽合理

评价方式以定性评价为主，量化评价较少。这导致教育实习评价结果存在很大的主观性，难以客观、准确地反映实习生的实习效果。目前，师范生的实习评定主要由中小学的实习指导教师完成，内容涉及教学、班主任工作及教学调研三部分，但以前两项为主。实习指导教师对实习生实习期间的总体表现进行结论性评价，如实习态度，是否听从实习学校及实习指导教师的安排，是否遵守实习学校纪律、认真备课、批改作业等；课堂教学能力，包括教态、普通话、“三笔字”基本功、教学组织能力、课堂管理能力、课件制作及运用能力、教学效果等；班主任工作能力，包括是否能迅速了解实习班级情况，协助班主任开展具体工作及设计、主持主题班会的能力等。此外，高校的实习带队教师也会对实习生进行评价，评选优秀实习生等，但也是以定性评价为主。总之，不管是实习学校的指导教师还是高校的带队教师，都倾向于以定性评价的方式对实习生的实习效果进行评价，而忽略了量化表格的使用。以定性评价为主的评价方式缺少了系统、完整的量化评价系统，不仅导致实习评价显得过于主观，科学性不强，也导致教师对实习生实习前后的变化研究因为没有对比数据而无从下手。

（四）评价标准较为模糊

“教育实习是教师教育中的重要组成部分，是教师教育中理论与实践相连接的桥梁，是教师培养质量提高的关键环节。”教育实习要想达到预期成效，制订清晰、明确的评价标准必不可少。但是，评价标准模糊是当前教育实习评价中普遍存在的问题。一般高校都从教学工作、班主任工作、教育调查三个维度对实习生的实习成绩进行考核评定，并确定了各个项目的考核等级、考核内容及考核标准。虽然同一考核项目不同等级之间在考核标准表述上有差异，但却不具有可操作性，在具体实践中尚需要评价者自行把握，其客观性较差。如有高校的教育实习工作手册记载，在教学工作实习成绩考核中有“教案”这一项，分为优秀、良好、中等、及格和不及格五个等级。通过对比不同等级教案评价标准的表述，发现各等级之间存在较大的流动空间，且对关键词也没有具体界定。如：何为教案完整？指标是什么？教案质量高低的标准又是什么？这些内容都没有详细规定，导致评价难以实现，很大程度上依靠的是评价者的经验。又如，“备课认真”是一种态度，“认真”应该也有具体的指标。总的来说，教育实习评价标准模糊，缺乏详细的指标体系，导致评价的客观性、可行性都大打折扣。

二、依托工作坊重构实习评价体系

依托“互联网 + 工作坊”平台的大数据信息，全面系统记录了实习生参与实习的过程与成长的轨迹，便于重构合理的教育实习评价体系，全面客观地评价师范生的教育实习工作。

（一）评价主体多元化

探索建立大学教师评价、中小学教师评价、实习生自我评价、实习生同伴评价与实习学校学生评价相结合的“五位一体”多元评价主体。

实习生实习评价成绩的认定，由大学教师负总责，牵头组织协调各方在平台系统上完成评价工作，最后由系统自动按比例合成实习生的总成绩。

成绩构成比例为：大学指导教师评价（40%）、中学指导教师评价（30%）、实习生自我评价（10%）、实习生相互评价（10%）、基地学校学生评价（10%）。

（二）评价内容立体化

将实习生在实习基地学校的师德师风、教育教学能力、公开课、班级管理、教学成绩，回校后的汇报课等表现，纳入评价内容。采取质性评价与量性评价相结合、过程性评价与结果性评价相结合、面对面评价与远程评价相结合的办法，全方位评价实习生的实习成果。

（三）评价方式丰富化

综合运用课堂观察、学生访谈、日常表现、教育实习工作坊成长记录、档案分析等多样化的方式评价实习，以丰富化的评价方式促进实习生的成长。

（四）评价工具信息化

充分利用“互联网+”的便捷性，构建信息化评价工具。将所有评价指标体系，利用信息化手段加以集成，评价时，只需一台手机，微信扫一扫，或者直接登录平台，就能给出评价。

三、教育实习评价量表

科学有效的教育实习评价对实习生和高师院校都具有重要意义，具体表现在它的导向、评定、判断、激励、反馈与改进功能。

针对教育实习的主体内容，结合混合式教育实习模式的实际，在征求专家、学科教师法教师、中小学教师、实习生代表等的基础上，研制了教育实习的分类评价量表（暂行），由“五位一体”的评价主体构成。根据教育实习任务、内容、效果，特别是实习生的教学创新能力，对所有参加实习的学生进行打分，加权后形成实习生的实习成绩。

实习总成绩评定项目及权重如表 3－2 所示。

表 3－2　教育实习评价权重

评价内容	评价主体				
	大学指导教师评价（40%）	中学指导教师评价（30%）	实习生自我评价（10%）	实习生相互评价（10%）	基地学校学生评价（10%）
教学实习①（在实习学校表现，30%）					
教学实习②（实习结束后，现场汇报课，20%）					
班级管理（15%）					
综合管理（15%）					
实习纪律及实习总结（10%）					
出勤表现（10%）					

（1）教学实习成绩：由两部分组成，共占50%。

其中，实习生在实习学校的教学实习表现，占30%；实习结束返校后，各学院组织每个实习生都要上一节汇报课，并给予成绩，占20%。

（2）班级管理实习成绩：占15%。

（3）综合管理实习成绩：占15%。

包含教育调查、学科教研、社团活动等。

（4）实习纪律及实习总结成绩：占10%。

主要根据如下资料综合评定：

①学生返校后上交的实习总结及在实习学校的纪律表现。

②学生返校后上交的《华南师范大学师范生教育实习手册》《教育实习鉴定表》。

③学生返校后上交的《教学实习成绩评分标准》《班主任工作评分标准》《教育实习纪律调查与总结评分标准》等评分表。

④混合编队带队指导教师或学院负责教师对该实习生给出的评价或评分。

（5）出勤表现：占10%。

教育实习评价是一项动态化的系统工作，高师院校在开展该项工作时，应全面综合地考察实习生的进步与成长，结合实际，适时地调整指标体系的内容，以期促进实习生更好地适应社会对教育职业的要求。

各类评价表如表3－3至表3－6所示。

表3－3　教学实习评价表

姓名_________　实习学校___________　实习年级_________　实习科目_________

评定内容	序号	评定标准	分值	得分
教学态度（20分）	1	努力钻研课程标准和教材，深入了解并把握学生学习情况，认真备课，独立写出完整、规范的教案	5	
	2	认真及时批改作业，细心辅导，耐心答疑，因材施教	5	
	3	坚持互相听课与评议，虚心听取意见，及时改正缺点，不断提高教学质量	5	
	4	严于律己，为人师表，教书育人，完成规定的试教任务，积极参与工作坊的活动	5	

续上表

评定内容	序号	评定标准	分值	得分
教学内容（20分）	5	正确理解、分析、处理教材，教学内容系统、完整、充实，符合课标要求	5	
	6	重视“过程”教学，理论联系实际，能用多种途径使学生形成科学概念、理解学科知识规律，实现迁移应用	5	
	7	重点突出，有效化解难点	5	
	8	思想性、艺术性强，有利于学生形成正确的价值观和良好的情感体验，教学目标明确，精心设计和组织教学	5	
教学方法（23分）	9	结合教材特点和学生实际，恰当地贯彻教学原则，灵活地选择教学方法，课堂教学组织能力、应变能力强	7	
	10	讲授思路清晰，层次分明，逻辑性强，深入浅出，注重课堂活动教学	6	
	11	注意引导学生探究，调动学生的学习兴趣和积极性，培养学生的创新精神	5	
	12	善于运用多媒体教学，教学方式和手段运用得当，效果好	5	
教学基本功（9分）	13	教态自然，能辅之以恰当的肢体语言，不断进步	3	
	14	语言清晰、准确、生动、简练，富有逻辑，普通话准确	3	
	15	板书工整、规范、条理分明，演示实验操作正确、规范	3	
教学效果（18分）	16	学生主体作用发挥好，注意力集中，积极思考作答，课堂互动效果好	6	
	17	经学业评价判断，学生对实习所教的内容理解、掌握良好，智能有一定的提高	6	
	18	据后续课程反映，学生掌握知识与技能比较牢固，掌握了一定的学习方法	6	
综合实践活动（10分）	19	能组织和指导学生运用本学科的知识开展形式多样的课外科技活动或知识竞赛、专题讲座、文学、艺术、体育活动等	5	
	20	能运用所学的知识，把实习与服务结合起来，积极为实习学校做好事	5	

表 3－4 班级管理实习评价表

姓名________ 实习学校__________ 实习年级________ 实习科目________

评定内容	序号	评定标准	分值	得分
工作态度（20 分）	1	热爱班主任工作，关心热爱学生，做学生的良师益友	5	
	2	责任心强，管教管导，对学生全面负责，严于律己，以身作则，为学生树立良好表率	5	
	3	工作积极、主动、热情、细心，虚心好学，团结互助	5	
	4	与实习学校原任班主任和其他教师有良好的人际交流，班级合作愉快，参与工作坊活动积极	5	
工作能力、方法（50 分）	5	能独立、及时制订班主任工作实习计划，并符合实习学校要求和学生实际	10	
	6	一周内能初步了解班级基本情况，熟悉班级管理常规要求，做好日常管理工作	10	
	7	上好班课，积极开展班团活动，各项活动目的明确，内容丰富，形式生动活泼，寓教于乐	15	
	8	深入学生群体，认真调查研究，选择 1～2 名学生为帮扶对象，根据青少年的特点，运用所学知识，循循善诱，耐心细致地进行思想教育，引导方法得当，取得一定成效	15	
工作效果（30 分）	9	能完成实习学校布置的各项任务	10	
	10	班风、学风提升，班团干部作用发挥好	10	
	11	“帮扶对象”转变效果显著	10	

表 3－5　综合管理实习评价表

姓名________　实习学校__________　实习年级________　实习科目________

评定内容	序号	评 定 标 准	分值	得分
教育调查（50 分）	1	能深入实际，认真调查研究，能运用正确的方法搜集、整理调查材料，选题得当	15	
	2	能运用教育学、心理学基本原理和学科教育理论分析问题，善于抓住本质、总结规律	10	
	3	能写出有一定理论意义和应用价值的调查报告或教育论文	15	
	4	能积极参与实习工作坊的互动交流，分享教育调查的体会与困惑	10	
学科教研（20 分）	5	能积极参与实习学校组织的各类学科教研活动，以及校际间的教研活动	10	
	6	能通过实习学校，以及工作坊互动学习，掌握学科教研的基本方法、基本策略	10	
社团活动（20 分）	7	积极组织开展学生社团活动，效果良好	10	
	8	在实践中掌握开展社团活动等理论与方法	10	
其他任务（10 分）	9	积极参与行政助理及社会服务等活动	10	

表3-6 实习纪律及实习总结评价表

姓名_________ 实习学校__________ 实习年级_________ 实习科目_________

评定内容	序号	评定标准	分值	得分
实习纪律（60分）	1	自觉遵守《实习生守则》和实习学校各项规章制度，遵纪守法	10	
	2	每天能坚持坐班，确实有事离队能向实习队长请假，并得到实习学校领导小组或带队指导老师同意，外出一定能在晚上9点前返校	10	
	3	能按学校教学计划规定参加全部实习活动，每次队会都能准时参加，对各项工作严肃、认真、负责	10	
	4	自觉服从领导，虚心接受实习学校各有关老师指导，服从实习学校工作安排，严格遵守请示汇报制度。对实习学校教职工有礼貌	10	
	5	能严格要求自己，以身作则，思想、仪表、言行均为学生的表率。不穿奇装异服，不留怪发型	10	
	6	能与实习队的同学团结协作，互相关心，互相帮助，服从队长管理	10	
	7	全程参与实习工作坊的互动交流	10	
实习总结（40分）	8	总结的内容具体、充实，实事求是，能反映本人的实际情况	10	
	9	能坚持每周撰写实习周记，并在工作坊平台上分享、互动、交流	10	
	10	能认真做好在实习基地学校的实习收尾工作，以及回校实习汇报课的准备及总结	10	

第四章　混合式教育实习模式的任务设计

教师专业素质是教师适配岗位的核心竞争力。新时代合格教师的专业素养标准是“一践行三学会”，即“践行师德，学会教学，学会育人，学会发展”。①

教师要践行师德。师德素养强调的是知行合一，不能仅有认知没有行动。践行师德分两个层次：一是师德规范的践行。即遵守教师职业道德规范，贯彻党的教育方针，努力成为有理想信念、有道德情操、有扎实学识、有仁爱之心的“四有”好老师。二是教育情怀的培育。需从知、情、意、行等方面着手，增强教师职业认同感，加深教师职业情感，坚定长期从教意愿，以立德树人为己任，努力在教育实践中成长为有教育自觉、有教育情怀的教师；努力成为学生锤炼品格、学习知识、创新思维、贡献祖国的引路人。

教师要学会教学，学会育人，学会发展。教师天职是教书育人。教书和育人是天然一体的，不能截然分开。但可以从专业素质角度出发，从学会教学和学会育人两个方面剖析和研究。学会教学可以从学科素养、教育的知识和方法、教学研究等方面分析；学会育人可以从班级指导和综合育人两个方面分析。

同时，还需将学会发展作为教师职业的特色要求。习近平总书记2014年在北京师范大学视察时指出：“教师储备不足、视野不够，教学中必然捉襟见肘，更谈不上游刃有余。”② 教师学会发展，要突出强调学会和自主学习能力，要突出强调掌握沟通合作技能，具有小组互动互助和协作学习体验，

---

① 戴立益. 教师教育创新与师范专业认证［M］. 上海：华东师范大学出版社，2020.

② 习近平. 做党和人民满意的好老师：同北京师范大学师生代表座谈时的讲话［J］. 人民教育. 2014（19）：6－10.

学会在学习共同体中进步。

要让师范生贯彻“一践行三学会”的标准，最终在专业技术上达成“会上课，能带班，懂科研”，教育实习是其走向正式岗位前、作为准教师的一次“实弹演练”。而对初次练兵，指导必不可少。

但在实际中，也存在一些误区。记得笔者在工作中，曾遇到一个教师，他对实习指导有这样的看法：“我们在大学里，已经开设了学科课程与教学论的课程，进行了微格教学训练，对如何备课、如何上课，该讲的都讲了。你说还要什么指导？再说，实习生到中学，不是有中学老师指导吗？”

其实，这是对实习指导的一种误解。正如“前线打仗，需要将军；乐曲演奏，需要指挥；体育比赛，需要教练”一样，师范生的教育实习，也离不开教师的指导。这些年来，传统的混合编队实习模式的最大缺点，就是师范大学没有很好地履行实习指导的职责。这也是我们为什么要提出混合式教育实习模式的缘由之一。一方面，我们没法回到以前单科定点实习模式：一个大学教师带着若干个实习生，同吃同住，师傅带徒弟的方式。另一方面，让大学指导教师对分散在不同实习学校的实习生，逐一进行面授指导，这也不太现实。因而，以“互联网 + 工作坊”的形式，大学教师联合中小学有经验的一线教师，组成教师指导团队，以统一的平台对实习生进行指导，与实习生在实习学校接受原科任老师指导，相互补充，构成线上线下混合式实习指导，这是在信息时代可行的出路。

那么，如何有效开展远程指导，吸引学生参与，引领学生前行，提升实习质量？我们在总结试点经验的基础上，认为任务设计是重要环节。这是本章我们要重点探讨的问题。

第一节　课堂教学实习工作坊指导任务设计

一、课堂教学实习基本要求

课堂教学实习是教育实习的中心任务，目的是使实习生初步掌握中小学校教学各个环节的基本技能和要求。教学实习需要在原科任教师的指导下进行，不同的学校对实习生的教学实习的要求有差异，本书以华南师范大学为例。

华南师范大学师范生教学实习的主要要求为：

（一）上课数量须满足最低要求

实习生根据各实习学校的实际情况，争取更多站上讲台的机会。常规实习一般要求独立讲授新课 8 节以上（不包括重复课，独立写出教案上课）；顶岗实习等模式要求讲授20 节新课以上。

（二）深入理解课标及教材内容

每个实习生须认真钻研所实习学科的教学大纲、新课程标准和课程内容，掌握教材的思想精神，对于基本概念、基本理论、基础知识和基本技能，要力求弄懂弄通。

（三）深入理解中小学生学习状况

在了解学生现状的基础上，确定教学目标、重点、难点、教学方法，写出详细教案，进行集体备课。为确保课堂教学质量，每节课上课前必须进行检查性预讲，同组实习生参加听课，并邀请原科任教师参加。预讲后由听课师生提出意见，实习生对教案进行修改和补充，送原科任教师审阅，待原科任教师批准后方能正式授课。

（四）坚持互相听课和评议制度

在备课、预讲上课等活动中，应虚心请教原科任教师，不断改进教学设计。各个实习队发扬团结互助精神，互相学习，共同提高。特别是同一备课小组和同下一个班级的实习生，必须集体备课，互相听课，互相评议，并认真做好听课和评议记录。实习生互相听课和教学评议的情况将作为考察实习生态度和教学能力的依据之一。

（五）认真批改作业和做好课后辅导学生的工作

在批改作业前，要认真研究作业的正确答案，特别对比较复杂的疑难问题，要经过集体研究，做出统一正确答案，送原科任教师审批，然后才可着手批改作业。作业批改后，应先在小组内互相检查防止错漏，或批改后送原科任教师审阅后才发给学生；对于作业中的普遍错误，要进行集体辅导；对个别学生的错误，要进行个别当面辅导。

二、课堂教学实习注意事项

课堂教学实习一般包括教学设计、授课、辅导、作品批改、考试、评价、说课、观课、评课等系列活动，每个环节的活动应做到事前准备充分、事中专心致志、事后用心反思。为出色完成教学实习，务请注意以下事项：

（一）上课的数量

常规实习一般要求独立讲授新课8节以上（不包括重复课，不需要教师指导，独立写出教案上课），顶岗实习要求讲授20节新课以上。也许有的实习学校给实习生安排独立授课数量达不到以上要求。遇到此情况时应该与学科实践指导老师说明学校关于教学实习授课的要求，协商增加课时；同时也应该深入想一想他们为什么少安排“我”上课？是不是“我”的教学行为没有给予他们足够信心？与之相反，有的实习学校则给实习生安排过量的课，例如让实习生同时兼任3个班的主科课程，导致实习生过于疲惫而降低了教学的效果甚至影响了身体。遇到此情况，实习生也应与实习学校协商，看能否仅承担该校普通教师的常规工作量。

（二）听课和评课

同一个实习队的同学，即便是不同学科，也需要互相听课、互相评议，从不同角度探讨教学情况。同时，主动邀请学科指导教师来听课并在课后及时虚心请教，请教时不要泛泛地问“老师您有什么改进建议”，应结合具体的内容，如“老师，您认为我选的这道例题可以吗？您指点一下我还可以怎么拓展？”请教的问题越具体，得到的建议就越有针对性。此外，听课的学生也是实习生很好的意见反馈者，课后可通过聊天的形式了解不同层次学生对上课的感受，以做进一步的调整改进。

（三）教学的节奏

以往实习中发现，不少实习生刚上讲台时，讲课的节奏、说话的语速都偏快，用半节课的时间就把一节课的新内容全部讲完了。出现这种情况，主要是因为这些实习学生只是注重讲课，并没有把讲课与听课的学生结合起来。因此，上课的时候，实习生要随时关注学生对讲课内容的理解，要把讲授的内容与学生的接受情况结合起来，做到“课中有人”“因人而讲”。鉴于实习生初出茅庐，每节新课上课前应进行试讲，同时多观摩学习该校有经验的教师的教学技巧。

（四）情景的控制

以往部分实习生在教学实习中会出现声音嘶哑的情况，影响了教学实习效果，这主要是因为不懂科学用嗓。实习生可以上网学习一下科学发声的技巧。在上课时不要持久地大声说话，更不要唱独角戏，应该通过问题情境创设让学生更多去讨论与回答，这样，既保护了嗓子，又注重了师生互动，更是把学生课堂学习的积极性调动了起来，体现了教师主导学生主体的教学理念。

三、课堂教学实习指导设计

（一）指导目标

以工作坊远程指导和实习基地学校面授指导相结合、优势互补的混合式指导，强化教学实习指导的针对性和有效性，提升教学实习质量。

（二）指导内容

根据教学实习的基本要求，可以围绕但不限于如下方面开展指导①：备课，上课，说课，听课，评课，作业布置与批改，课外辅导，成绩考核，课外活动组织，学科竞赛培训，学科教育研究。

（三）指导形式

根据教学实习的目标、要求，结合实习工作坊的任务，在教学实习指导过程中，建议采用如下的一些指导形式。

1. 专题辅导

每周至少开展一次专题辅导。

2. 同步研讨

每两周至少开展一次同步在线研讨。

3. 论坛指导

参与论坛的一些问题讨论，对个性化的问题，给予个性化指导；对共性的问题，给予公共指导，以专题辅导或者同步研讨的形式进一步深化处理。

4. 作业点评

给每名实习生点评指导一个视频作业。

根据实际情况，给实习生的文档作业加以点评，优秀者推荐在分享区给

---

① 罗新兵，罗增儒．数学教育学导论［M］．西安：陕西师范大学出版社，2014．

其他同学学习。

5. 周记查阅

及时查阅实习生每周提交的教学实习周记，根据实习生实习周记反馈的问题及建议适时调整实习指导的内容和策略。

[为让读者了解教学实习周记的概况，特将实习生的教学实习周记摘录部分在本书中（见案例分享4），以飨读者。]

6. 资源分享

整理、分类对实习生有针对性、启发性的资源，供实习生备课及教学选用，也允许实习生分享自己的一些优质资源，实现互通有无，共建共享。

（四）指导策略

1. 问题驱动

实习指导的目的，是为实习生“传道授业解惑”。病人去医院看病，需要的是医生给予解除病痛。类似地，实习生去实习，需要的是指导教师给予“解惑”。所以，问题驱动是实习指导的重要出发点。

归纳起来，实习指导中的问题来源可以分为三类：

第一类是指导教师主动提出的，启发实习生思考的问题。

这是指导教师基于过往的实习指导经验提出的，是大多数实习生在实习过程中普遍存在的共性问题，需要指导教师有一定的预判能力。

第二类是实习生主动提出，需指导教师给予帮助的问题。

实习生基于平时的学习思考，在实习过程中的备课、上课，与中小学生互动过程中，都会萌生各种各样的疑难，需要指导教师的点拨，才能顺利将实习工作往前推进。

第三类是指导教师在实习指导过程中提炼的生成性问题。

有不少问题，指导教师无法提前预料，也不是实习生自己提出来的，而是指导教师在实习指导过程中，根据与实习生的交往、工作坊的互动、问题讨论区的归纳而提炼出来的，这也是混合式教育实习模式的优势之一，能动态解决实习生的问题，而新的问题又成为后续指导的资源。

2. 方法指导

“授之以鱼不如授之以渔。”指导教师在实习指导中，不可能做到每一个问题都事无巨细，每时每刻都给实习生加以指导，况且，实习生也已经是成年人，也不用什么事情都由指导教师大包大揽。指导老师更需要的是从方法上给予指导，让他们在实习中能举一反三，融会贯通，这样对实习生教学实习质量的提升会有更大的帮助。

3. 案例引领

“一百个空洞的说教，不如一个鲜活的案例。”除了给实习生方法指导外，指导教师还需有针对性地给出一些典型的案例，包括正面的和反面的，通过案例给实习生示范，以案例加深对方法的认识，以案例形象呈现理论的价值。通过案例引领，深入浅出的剖析、讨论，实习生能更快、更好地进入实习的角色，领悟要领，提升实习质量。

4. 资源共享

实习工作坊平台，除了是一个便捷的信息化沟通工具外，还应该是一个生生不息的、丰富实用的资源库。将工作坊平台建成师生教育教学资源的宝藏，让实习生愿意来，时时处处想着来，那么平台就是一个好平台，是一个受大家欢迎的平台。

指导教师根据历年积累的资源，包括一些优秀设计案例，优秀的课例，好的备课资料，相关教材、教参、教案等资源，提前分门别类上传至平台，和大家共享。

（五）案例赏析

为了对教学实习指导有更直观的认识，现在文科类和理科类中，共选取3个真实的案例，分别是思想政治学科课堂教学实习工作坊案例（案例分享1）、历史学科课堂教学实习工作坊案例（案例分享2）和生物学科课堂教学实习工作坊案例（案例分享3）。

虽然这些案例尚有一些改进的空间，但为了保留案例的原貌，在选取时未作增删，特此说明。感谢案例作者的辛勤付出。

［案例分享1］思想政治学科课堂教学实习工作坊实例

2019年赵艺主持的思想政治课堂教学实习工作坊①

（坊主：赵艺；副坊主：郑月君、马利锋）

一、主题1　实习准备篇

【活动1】阅读《教育实习工作手册》。

【活动2】阅读《如何听课》。

【活动3】分享我的实习学校、班级情况。（请同学们在讨论区进行话题

① 本案例选自华南师范大学哲学与社会发展学院赵艺老师主持的工作坊，特此致谢。

讨论）(200 字以上)

【活动 4】上传一份实习周记感想，谈谈实习前的预想与实习后的体会。

第一周周记（9 月 2—8 日）作业

PS：活动 1、2 的文件已附带，请自行下载；活动 3 请在【讨论区】完成；活动 4 请以 Word 文档上传文件，文件大小不超过 100 MB。

作业截止上交时间：2019 年 9 月 8 日 22：30。

二、主题 2　听课与评课篇

同学们，经过第一周的实习，想必你们已经对实习学校有了初步的了解，接下来将逐步开展听课、批改作业、上课的实习事务，在实践中锻炼与提升师范技能。为了让你们更好开展听课与评课的活动，我们提供了一些优质资源供大家学习参考，具体如下：

【活动 1】阅读《如何听课》。

【活动 2】阅读《一节优质课的课堂评价标准与细则解读（供教师参考)》。

【活动 3】观看优秀评课视频《世界是普遍联系的》。

【活动 4】在讨论区上传你的听课记录，并与其他同学分享。

【活动 5】实习周记。

PS：活动 1、2、3 的文件已附带，请自行下载；活动 4 请在【讨论区】完成；活动 5 请以 Word 文档上传文件，文件大小不超过 100 MB。

作业截止上交时间：2019 年 9 月 15 日 22：30。

三、主题 3　课例的选择与应用篇

同学们，实习进入第三周了，很开心看到同学们已经渐入佳境，融入班级。跟在指导教师的身边学习和听课的同时，大家也要开始着手备课了。备课是对我们专业知识的一大考验，在这个过程中大家不可避免地会面临“如何选择和应用案例素材”的问题。本周的实习工作坊给大家提供了一个参考案例，作为备课的热身活动。我们将以“新中国成立 70 周年”等相关素材为背景，进行课例讨论，以一名政治教师特有的方式礼赞新中国，描绘新时代，为祖国母亲庆生。

最后，希望大家在正式授课前做好充足的准备，预祝大家的实习第一课圆满成功！

PS：活动 1、2、3 的文件已附带，请自行下载；活动 4、5 点击以下链接提交作业；活动 5 请以 PDF 文档上传文件，文件大小不超过 100 MB。

作业截止上交时间：2019 年 9 月 22 日 22：30。

【活动 1】阅读《教学技能——举例技能》。

【活动2】阅读“中国跨度——新中国成立70周年成就述评之一”网页地址。

【活动3】阅读“创新中国——70年中国面貌变迁述评之二”网页地址。

【活动4】以“新中国成立70周年”相关素材进行课例讨论。

【活动5】第三周实习周记（9月16—22日）作业。

四、主题4　备课篇

小时候的我们总是会怀揣一个教师梦，如今正在实习的你们有没有找回曾经的那一份憧憬与悸动呢？是否每每有学生喊“老师好”时，你都感到一股暖流从内心流过，仿佛之前做PPT时所熬出来的黑眼圈、写教案写到手发酸都是值得的？也许，这就是“教师”的灵魂和魅力所在！

在主题四中，我们需要大家分享你们的实习结晶——教案，具体的活动内容如下：

【活动1】观看一份优秀的参赛教案——《尊重文化多样性的意义》。

【活动2】阅读一份文件——《备课技巧》。

【活动3】互评第二、三周的讨论区内容（每周至少回帖5篇，每条评论不少于50字）。

【活动4】第四周实习周记。

【活动5】完成作业：上传一份你独立完成的教学设计方案。

PS：活动1、2的文件已附带，请自行下载；活动3请在前两周的讨论区完成；活动4、5请以PDF文档上传文件，文件大小不超过100 MB。

作业截止上交时间：2019年10月7日22：30。

五、主题5　授课与反思篇

金秋十月，同学们踏入了教育实习第二个月的征程。经过一个月的听课、批改作业、撰写教学设计，同学们已经迫不及待地站上讲台、将手中的教案在真实课堂上演绎了吧！那么在真实的课堂上，有没有什么小事轶事让你难忘的呢？在实际教学过程中，你的预期教学目标教学效果是否达到了呢？本周，我们以“授课与反思”为主题进行探讨，具体如下：

【活动1】观看优质教学视频。

【活动2】阅读优秀教学反思案例。

【活动3】上课过程中遇到了哪些问题？你是如何解决的？在讨论区和同学们分享：上课过程中的那些事。

活动1、2、3作业截止上交时间：2019年10月13日22：30。

【活动4】上传一段实际教学视频。

活动4作业截止上交时间：2019年10月20日22：30。

PS：活动1、2的文件已附带，请自行下载；活动3请在“讨论区”完成；活动4请仔细阅读《视频上传教程》；本周不用上传实习周记。

六、主题6　评讲与说题篇

亲爱的同学们，从上周大家分享的课堂趣事和课堂实录中，老师真切地感受到了精彩纷呈的课堂以及明日之师的风采。除了新授课之外，讲评课也是一种重要的课堂类型。有效地分析和讲评作业、试题等可以帮助学生查漏补缺、演练思维和整合知识，也是巩固知识基础和提高复习效率的重要抓手。我们应该如何上好一堂讲评课，说好一道题呢？本周，我们就以此作为主题展开一番研讨，具体的活动内容如下：

【活动1】阅读文件《作业的讲评》。

【活动2】阅读文件《高中政治主观题说题》。

【活动3】讨论区分享你的说题过程。

要求：

①选题要求：自选一道中考或高考政治主观题真题。

②说题步骤可参照活动2的文件。

③除题目和设问之外，说题字数要求300字以上。

【活动4】互评第五周的讨论区内容（每周至少回帖5篇，每条评论不少于50字）。

【活动5】上传第六周实习周记（10月14—20日）。

PS：活动1、2的文件已附带，请自行下载；活动3、4在讨论区完成；活动5请以PDF文档上传文件，文件大小不超过100 MB。

作业截止上交时间：2019年10月20日22：30。

七、主题7　课改与教研篇

活动型学科课程是本次普通高中思想政治课程标准修订的一个亮点，而议题式教学的设计与实施是实现活动型学科课程的重要抓手。但对于如何理解议题式教学，以及如何进行议题式教学的精致设计和实施，都是未来的政治教师们需要去思考的问题。

作为新时代的政治教师，我们更要及时地了解政治教学的教研新动态，要有效地开展议题式教学，并在课堂上真正落实好学生的政治核心素养教育。因此接下来，请大家结合实习的所闻所见，一起来学习和分享讨论有关议题式教学以及最新的政治教研课改问题吧。

【活动1】阅读李晓东《议题式教学设计与实施中的几个关键问题》。

【活动2】阅读沈雪春《议题式教学的课堂架构和设计论坛》。

【活动 3】欣赏议题式优质课《面对经济全球化》。

【活动 4】分享讨论：谈一谈实习期间参加教研活动的所见所闻所感/谈一谈你认为在高中思想政治课堂上如何开展议题式教学（不少于 300 字，话题二选一）。

【活动 5】互评第六周讨论区的内容（每人至少回帖 5 篇，每条评论不少于 50 字）。

【活动 6】第七周实习周记（10 月 21—27 日）。

PS：活动 1、2、3 请自行点击进行阅读；活动 4、5 请在相应讨论区进行讨论；活动 6 请以 PDF 形式上传，文件大小不超过 100 MB。

作业截止上交时间：2019 年 10 月 27 日 22：30。

八、主题 8　总结与回顾篇

时光荏苒，岁月如梭。为期两个月的教育实习已经进入尾声。

当你打开主题八的学习时，或许你已经走下讲台，走出教室，离开那个美丽的中学校园，回归母校的怀抱。但实习校园里的一点一滴仍历历在目，那一张张可爱的笑脸，指导老师的谆谆教诲，还有一起学习嬉戏的小伙伴，第一次走上讲台，第一次开班会课……这些美好都会在脑海里久久难以忘怀，这一切都是我们最想留住的回忆。

所以，在主题八的学习中，再一次邀请大家分享实习过程中最美好的回忆。此外，我们还提供了一些拓展资料，以及耽误你们几分钟完成一份调查问卷。

美好的教育实习即将结束，愿你我以梦为马，不负韶华，坚持心中所爱的，用勤奋的汗水砥砺前行。华师期待见到更加优秀的你们。

【活动 1】阅读文本材料《教师说课、讲课、听课、评课诀窍大全》。

【活动 2】完成问卷：教育实习调查问卷。

【活动 3】上传你实习总结。

PS：活动 1 的资料请点击进行阅读；活动 2 请点击链接完成；活动 3 以 PDF 文档上传文件，文件大小不超过 100 MB。

作业截止上交时间：2019 年 11 月 3 日 22：30。

[案例分享2] 历史学科课堂教学实习工作坊实例

2018年梁丽红主持的历史学科课堂教学实习工作坊①

（坊主：梁丽红；副坊主：李华年、文苑）

一、实习坊指导计划

（一）工作坊基本情况

表4-1 工作坊概况

坊主	工作坊类型	指导学生人数	副坊主	指导时间
梁丽红	课堂教学	39人	首席副坊主：深圳观澜中学李华年 副坊主：顺德华侨中学文苑	9月4日—11月4日 计9周

（二）具体指导计划

1. 在线交流

表4-2 每周在线交流安排

时间	活动	具体内容	主持人	在线交流截止时间
第一周 9月3—9日	在线交流	学生介绍实习学校的情况及困惑，教师答疑	梁丽红	9月9日 晚上9：00
第二周 9月10—16日	在线交流	学生介绍前两周听课的情况及困惑，教师答疑	梁丽红	9月16日 晚上9：00
第三周 9月17—23日	在线交流	如何上好第一节课	李华年	9月23日 晚上9：00
第四周 9月24—29日	在线交流	备课过程中遇到的困惑答疑	文苑	9月29日 晚上9：00
第五周 10月1—8日	在线交流	国庆假期	暂停	暂停

① 本案例选自华南师范大学历史文化学院梁丽红老师主持的工作坊，特此致谢。

续上表

时间	活动	具体内容	主持人	在线交流截止时间
第六周 10 月 8—14 日	在线交流	授课过程遇到的疑难问题答疑	梁丽红	10 月 14 日 晚上 9：00
第七周 10 月 15—21 日	在线交流	如何提高课堂效率	李华年	10 月 21 日 晚上 9：00
第八周 10 月 22—28 日	在线交流	如何在课堂上引导学生	文苑	10 月 28 日 晚上 9：00
第九周 10 月 29 日—11 月 3 日	在线交流	学生总结实习工作，教师答疑	梁丽红	11 月 3 日 晚上 9：00

2. 专题辅导

表 4－3　专题辅导安排

时间	活动	具体内容	主持人
第 1～2 周 9 月 3—16 日	专题辅导	听、评课的艺术	文苑
第 3～4 周 9 月 17—30 日	专题辅导	新课标解读与教材分析	李华年
第 6～7 周 10 月 8—21 日	专题辅导	基于教学立意的史料选择及解读	李华年
第 8～9 周 10 月 22 日—11 月 4 日	专题辅导	教学方法的选择及其策略	文苑

注：第 5 周属国庆假期，专题辅导暂停。

3. 视频点评

表 4－4　视频点评安排

时间	执行人	具体内容	主持人
第 1～4 周 9 月 3—30 日	学生	录制、上传视频 （10～15 分钟）	梁丽红
第 5～7 周 10 月 1—21 日	副坊主	观看、点评教学视频	李华年 文苑
第 8～9 周 10 月 22 日—11 月 4 日	副坊主	将点评结果反馈给学生，并有针对性地进行指导	李华年 文苑

注：已通过平台进行分组，指导教师只能看到自己组的作业。

4. 周记查阅

表4-5 周记评阅分工

时间	执行人	具体内容	主持人
第1~9周 9月3日—11月4日	学生	记录实习情况，表达需求	梁丽红
第1~9周 9月3日—11月4日	坊主	查阅周记，调整指导计划	梁丽红

二、实习工作坊框架

（一）在线交流

1. “实习学校侃侃谈”讨论区

怀揣着期待和梦想来到实习学校，它既不像刚离开的大学，甚至与模糊记忆中的中学也不太相似，新环境、新角色，你是否有所彷徨，有所不解，或者有难以解决的问题？在这里我们可以畅谈这些问题，也许不经意间就让你豁然开朗。

2. “听课汇报及答疑”讨论区

经过一周的时间，大家已经较为熟悉实习学校的生活和工作了，这周的重点在于听课，多听课，听好课，可以有效地为后来站稳讲台做准备。你发现了吗？中学常态课和大学课堂展示的公开课不太一样，也和我们平时的训练不太一样，在这里汇报一下你本周听课的情况，还有什么疑问也可以说出来，大家群策群力哦。

3. “如何上好第一节课？”讨论区

大学系统的学习为进入中学进行教学奠定了基础。但是，从大学到中学，我们已经是不同的角色，实现了从大学生到中学教师的角色转换。在实习阶段，通过向有经验的教师学习备课、授课，我们已经跃跃欲试了。面对新的课程标准和旧教材，如何备课？面对一双双明亮但不乏调皮的学生的眼睛，我们如何调控课堂，如何针对不同学情进行教学设计？请同学们围绕这些问题交流自己的经历，共同体悟如何上好第一节课。

4. “备课过程中遇到的困惑”讨论区

经过三周的时间，大家已经较为熟悉实习学校的教学工作了，你们通过观察、接触和体验等形式，再次感受了充满生机的中学校园生活。观察充满冲突的课堂教学情境、体验充满挑战的教师生活，这些都为你们提供了教学实践的宝贵机会。我想，大家也一定深感如今的学生对比过去的自己，多了一份灵活、一份大胆。在备课的过程中，你们遇到了什么疑问呢？说出来，让大家群策群力哦。

5. “授课过程遇到的疑难问题答疑”讨论区

我想大多数同学已经登上过讲台，过了一把当教师的瘾，也流了一堆当教师的汗。当教师不易，因为我们面对的是有思想、有需求的活生生的人。我们之前完美的预设，是否在讲台上变得漏洞百出？授课过程中是否总是遇到这样那样难以掌控的局面，让我们的预设难以推行？你碰到过什么问题，你是如何解决的，你有什么要纠结的，都拿出来聊聊吧！

6. “如何提高课堂效率？”讨论区

当我们对一节课进行设计的时候，我们必须考虑如何提高课堂效率。提高课堂效率是一个综合目标，涉及教学目标的制定、教学手段的选择、教学环节的构思（课堂预习、课中、课后巩固与拓展）、课堂节奏的把握、学生情绪的调动等多种因素。请结合自己这段时间的实习体会，特别是自己上课与有经验老师上课的对比，谈谈如何提高课堂效率。

7. “如何在课堂上引导学生？”讨论区

经过一段时间的实习，各位一定感觉到，每一堂课都需要在师生互动配合下进行。如何在课堂上真正实现学生主动地、富有个性地学习，如何让性格各异、学习基础参差不齐的学生爱上课堂，从而达到理想的教学效果呢？毋庸置疑，只有教师不断提升自己的课堂引导艺术，使课堂像磁石一样牢牢地抓住学生，使学生聚精会神地听讲，参与师生互动，参与生生互动，让学生真正爱上课堂，才能在短短的40分钟课堂里出现高效率的教学效果。亲爱的同学们，你们有什么大招，请放出来吧。

8. “实习收尾工作”讨论区

9月3日时还觉得实习好长，不知道何时结束？可“咻”的一下，本周就要开始准备离校事宜了，千头万绪，大家有不清楚和不明白的可以在这里询问老师或者同学，一定要做到有始有终哦。

（二）专题研讨

1. 听课与评课——如何有效观察历史课堂

听课是向其他教师学习以促进自己专业成长的活动。而评课是对上课教师课堂教学得失、成败进行评议的活动。年轻人精力充沛、干劲十足，但是，由于你们刚刚走上工作岗位，缺乏工作经验，所以需要认真听课和评课。该如何有效地听课和评课呢？本专题愿助你一臂之力，希望大家有所收获。

2. 观视频，写感想

请各位同学看完视频后，从教学目标、设计思路、视频中教师对所选素材的处理以及教学效果达成等角度谈谈自己的感想。

视频：2015 年东莞优秀高中历史微课：

①开眼看世界。

②大危机与新政。

3. 基于教学立意的史料选择解读

教学立意是课堂教学的“灵魂”。围绕教学立意选择核心史料可以更好地达成教学目标。核心史料，是依据教学立意和教学目标二选定的起主要支撑作用的史料。通过史料实证，可以培养多种能力，特别是培养学生史论结合的意识。

仔细学习新课标“附录 2　教学与评价案例”，解读四幅地图，分析唐长安与宋东京的社会及变化。要求 500 字左右。（说明：本作业的材料对象是地图，文字材料的解读不在此次作业中）

4. 新课标解读与教材分析

接 2018 年 9 月广东省教育厅通知，2018 年和 2019 年新入学的年级用旧教材、旧课标。但是 2017 年新课标已经颁布，新课标就是我们的方向，新课标的关键词和热词是“立德树人”和“核心素养”。

请以 2017 班新课标“附录 2　教学与评价案例”为例，以自己所教的一课为内容，拟定教学目标及如何实现目标的思路。字数 500 字左右。

5. 教学方法的选择及其策略

视频：教学方法的设计与评价

请描述一个授课片段或者完整的上课流程，写出你选择的教学方法及原因。

三、视频点评

各位同学，为了更有效地实现对大家的指导，我们需要了解你在实习学校上课的情况，所以争取在国庆假期之前录制一个 10 ~ 15 分钟的上课视频，提交到平台上，指导教师会对视频进行一对一的点评指导，相信你会有所收获。PS：如果实习学校实在不允许现场录制，可以请队友录制试讲的过程。

四、周记查阅

反思是进步的捷径。不断地思考、质疑有利于提高我们的教学能力。同学们可以把实习的经历和思考写成实习周记在这里分享，我们也可以从中分析实习生的需求和疑惑。

五、参阅资料

为了更好地给大家提供服务，我们不局限于指导计划的内容，特设“参考资料”一区，其中的内容多是最新的理念、动态和一些有效的实践，大家可根据需要自取所需。如果还需要什么资料，也可在此讨论区下开启话题留言。

（1）初中历史课程标准。

（2）高中历史课程标准。

（3）中外史事对照。

（4）高考历史易错知识。

（5）容易混淆的概念。

（6）新时代需要怎样的历史观。

（7）徐蓝：新一轮高中历史课程标准及解读。

（8）新教材：普通高中教科书历史（必修上）。

（9）新教材：普通高中教科书历史（必修下）。

（10）广东明确高考改革政策。

［案例分享3］生物学科课堂教学实习工作坊实例

2019年王瑞珍主持的生物学科课堂教学实习工作坊①

（坊主：王瑞珍；副坊主：谢永佳、陈志德）

◆ 周记区（记录实习，并至少提1个实习问题及回复1人）

第一周周记（2019年9月2—8日）讨论区

第二周周记（2019年9月9—15日）讨论区

第三周周记（2019年9月16—22日）讨论区

第四周周记（2019年9月23—29日）讨论区

第五周（2019年9月30日—10月6日）国庆假期

第六周周记（2019年10月7—13日）讨论区

第七周周记（2019年10月14—20日）讨论区

第八周周记（2019年10月21—27日）讨论区

第九周周记（2019年10月28日—11月3日）讨论区

◆ 辅导区

一、主题1　实习准备（暑假期间，2019年9月1日之前）

俗话说：凡事预则立，不预则废。本主题的目标是了解困惑，熟悉操作。任务如下：

（1）阅读工作坊操作指南，理解相关操作。

（2）阅读工作坊学习活动计划，参照指南学习掌握完成学习任务需要的

---

① 本案例选自华南师范大学生命科学学院王瑞珍老师主持的工作坊，特此致谢。

相关操作。

（3）阅读："从核心素养的角度理解高中生物学基本内容"，为适应中学教学新形势做好认识上的准备。

（4）在讨论区跟帖回复讨论话题：关于教育实习的课堂教学或实习工作坊，你有何疑问？你希望得到哪些方面的帮助？参与讨论并至少回复1次其他同学的发言。

专题阅读1：2019年实习工作坊学生操作指南

专题阅读2：2019年实习工作坊任务计划

专题阅读3：从核心素养角度理解高中生物学基本内容

专题讨论："关于实习准备的专题讨论"讨论区

二、主题2　听课（2019年9月2—8日）

吸收前辈的宝贵经验是学习教学的重要第一步。本主题包括以下内容：

（1）阅读：促进理解核心素养及指导听课的文章。

（2）在讨论区跟帖讨论：实习学校老师的教学有否体现对学生核心素养的培养？原因分析。

（3）在前面的周记区完成第一周周记的相关任务。

专题阅读1：对生命观念及其培养的理解文件

专题阅读2：听课 文件

专题讨论："中学课堂对培养核心素养的实际情况与原因"讨论区

周记——在前面的周记区完成第一周周记的相关任务

三、主题3　备课（2019年9月9—15日）

教学目标决定了教学内容与活动，明确教学目标是备课中的首要要求。本周任务如下：

（1）专题阅读——核心素养解读与核心素养目标的表述。

（2）跟帖讨论——关于教案，实习学校对教学目标有否要求以核心素养目标表述？从表述三维目标到核心素养目标的转变，你认为有何困难？阅读其他同学的讨论，至少回复一个同学。

（3）专题作业——在自己授课的课题中选一节课，表述核心素养教学目标。在实习期内以PDF文档提交。

（4）实习周记——在前面的周记区以新开一个话题的形式写实习周记，其中至少提一个实习问题；并阅读其他同学的周记，至少回复一个同学。

专题阅读1：对科学思维及其培养的理解

专题阅读2：核心素养教学目标的表述

专题讨论："关于核心素养目标的讨论"讨论区

专题作业：表述一节课的核心素养目标（实习期内提交）

周记——在前面的周记区完成第二周周记相关任务

四、主题4 课件（2019年9月16—22日）

课件是现代重要的教学媒体。本主题包括以下内容：

（1）专题阅读——课件制作的注意事项

（2）专题讨论——跟帖讨论并至少回复一个同学：从自己的亲身例子分析，谈谈对课件的制作或使用有什么感受最深的认识？

（3）实习周记——记录本周实习情况及感悟，其中至少提一个有关实习的问题；并阅读其他同学的周记，至少回复一个同学。

专题阅读：课件的制作

专题讨论："关于课件的制作与使用"讨论区

周记：在前面的周记区完成第三周周记相关任务。

五、主题5 讲课（2019年9月23—29日）

讲课是教学基本技能的核心。本主题包括以下内容：

（1）专题阅读1——提高学生学习兴趣的原则和策略。

（2）专题阅读2——课堂上的有效提问。

（3）专题讨论——任选以下其中1个话题跟帖讨论并至少回复一个同学。①举实例分析：如何在课堂上提高学生的学习兴趣？②观看模拟教学片段，结合自身实例或课堂观察分析师姐对核心问题与问题链/串的设计给你的启示

（4）作业——提交一个实习期间的教学视频片段（10～15分钟，要求内容完整，通过上传到learnTV并分享链接的方式提交，可在实习期间内提交）

（5）周记——在周记区请以新开话题的形式写周记，记录本周实习情况及感悟。其中至少提一个与实习有关的问题，并阅读其他人的周记，至少回复一个同学。

专题阅读1：提高学生学习兴趣的原则和策略

专题阅读2：有效提问的原则和方法

专题讨论：在课堂上怎样提高学生的学习兴趣？或分析核心问题及问题链的设计

作业：教学视频片段（实习期间提交）

在前面的周记区完成第四周周记任务。

六、主题6 板书（2019年10月7—13日）

在电教媒体盛行的今天，板书的作用更不容忽视。本主题包括以下内容：

(1) 专题阅读——板书的作用和技巧

(2) 专题讨论——观摩师姐的模拟教学视频，留意她是如何发挥板书作用的，跟帖讨论给你的启示，并至少回复一个同学的讨论。

(3) 实习周记——在前面的周记区写本周周记

专题阅读：板书设计的要求与技巧

专题讨论："如何应用板书？" 讨论区

在前面周记区完成第七周周记任务。

七、主题7　概念教学（2019年10月14—20日）

概念教学是生物学教学的重要内容，2011初中新课标及2017高中新课标对概念教学尤其关注和强调。本主题的内容如下：

(1) 专题阅读——关于概念教学的两则资料

(2) 专题讨论——观摩陈老师的教学视频实录，联系自己的实践，跟帖讨论陈老师的概念教学给你的启示，并至少回复1个同学。

(3) 实习周记——在前面的周记区写本周日记

专题阅读1：概念教学基本知识

专题阅读2：新课标背景下的概念教学

专题讨论："概念教学的策略" 讨论区

在前面周记区完成第七周周记相关任务。

八、主题8　实验教学（2019年10月21—27日）

生物学是一门实验性的自然科学，实验教学是生物学教学的重要内容。本主题的内容如下：

(1) 专题讨论——观摩某老师的实验教学视频，联系实习学校实验教学现状及自己的教学实践，谈谈该课给你的启示。要求跟帖讨论并至少回复一个同学。

(2) 实习周记——在前面的周记区完成本周周记任务。

专题讨论："实验教学" 讨论区

在前面的周记区完成第八周周记相关任务。

主题9　实习结束（2019年10月28日—11月3日）

在前面周记区完成第九周周记的相关任务。

[案例分享4] 教学实习周记选编

让实习生每周至少撰写一篇教学实习周记，上传到实习工作坊平台，是混合式教育实习模式在指导方式上一个创新的做法。

实习生通过周记的形式，记录每周实习的收获和困惑，对实习生而言，一方面是教学实习总结和反思，是对自己一周以来实习情况的梳理；另一方面，也是对一周来实习问题、困惑的思考。对指导教师而言，指导教师可以从中了解实习生的教学实习表现，获得实习的一手资讯，反过来，为实习指导教师调整实习指导内容、方式方法提供一个重要依据，促使实习指导更有针对性。

本案例，从实习的不同学科、不同时段选编部分实习周记，以飨读者（对周记的各位作者，以及相应工作坊的坊主老师表示感谢）。

第一周周记选①

生命科学学院　2016 级　郭子璇

2019 年 9 月 1 日，坐上高铁来到了实习学校——韶关市乐昌第一中学，开始了期待已久的教育实习。整理好寝室，和队伍一起，在当地朋友的带领下，了解了当地的风土人情。第二天课间操时，在会议室中，接待我们的何老师发给了我们每个人一本教科书和备课本以及听课本。同时给我们介绍了每位同学的班主任老师和学科老师，于是便这样开始了与老师的第一次会面。晚上，来到高一（13）班的教室，和同学们做完自我介绍，同学们激烈的鼓掌声和欢迎声也让我对接下来的实习生活充满期待。在接下来的日子里，我和班主任老师以及学科老师进行了交流。了解了作为一位班主任的基本工作，以及接下来的生物学科听课和讲课安排。

就这样，第三天，我便正式开始了我的实习工作。每天早上 6：00 起床已是常态，虽有些疲惫，但心中依旧充满了激情与责任感。查看迟到情况，监督早读纪律和班级卫生情况已成习惯。除了基本的这些工作外，开学期间，还有许许多多的繁杂事务需要班主任处理，帮助班主任处理这些工作也是必不可少的一部分，我不仅可以直接了解到开学时班主任的主要工作，还可以了解到哪些方面是值得注意的，这些都是我们在实际实习中才可以学习到的知识经验。通过这一周和班级同学的相处，也慢慢地对他们有所了解，知道哪些同学贪玩，哪些同学腼腆，渐渐地大家也都熟悉起来了。

在学科课程学习方面，通过听丘老师（生物老师）的课程，我非常直观地感受到了丘老师的教学风格和许多值得学习的地方。丘老师是一名有资历、有学识、和蔼可亲的教师。上课不疾不徐、娓娓道来，善于用提问题的形式来引导学生思考。什么时候提出问题，提出什么问题，以什么样的形式

---

① 来源：2019 年生命科学学院王瑞珍老师主持的工作坊。

提出问题，这都是我需要学习的地方。同时，丘老师善于举例，生动而形象，又便于学生理解。懂得适当的举例，这也是值得我学习的地方。给丘老师看了我的课件后，丘老师给出了十分有用的反馈和评价，也帮助我进一步地完善了课件，进一步思考怎样才可以把知识点讲透，让学生理解。

实习第一周在兴奋而忙碌的工作中很快就结束了，学到了很多，知道了班主任工作的不容易，学习了课堂教学。但这仅仅只是一个开始，希望自己在之后的班级管理工作如班会的开展和学科教学工作，特别是课堂授课方面有所进步。加油！

第二周周记选①

物理与电信工程学院　2016 级戴莹莹

9 号星期一，七点升旗，我站在队伍的后面看着国旗缓缓升起，想起高一时期的自己，与他们一般青涩，对未来充满了好奇，以至于高中算是目前最努力的一段时期。升旗结束后，领导发言，讲了一些高一级存在的问题以及日后需要注意的地方，同学们很快就都回到教室上课了，我实习的班级高一（15）班周一没有物理课，于是我到四楼办公室找了我高中的物理老师，希望可以听听他对于高一级教学的一些心得。

我去到时，（我的高中物理老师）龙老师正在批改作业，是“运动快慢的描述——速度”这一节的卷子，他说，全班接近一半的学生居然对于这道限速常识题无法理解（题目见图 4－1，B 选项的“超”被错印成“起”）

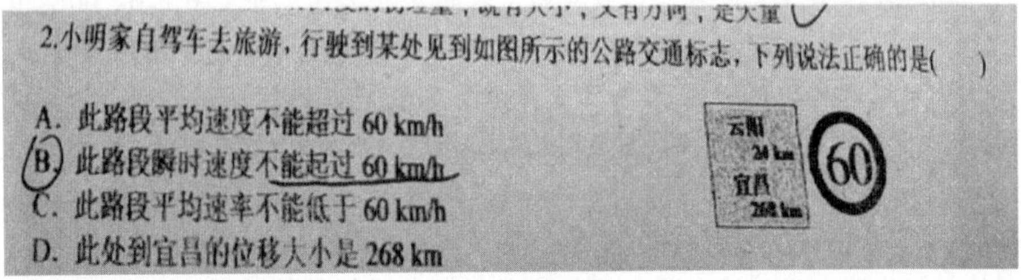

2.小明家自驾车去旅游，行驶到某处见到如图所示的公路交通标志，下列说法正确的是(　　)

A. 此路段平均速度不能超过 60 km/h

B. 此路段瞬时速度不能起过 60 km/h

C. 此路段平均速率不能低于 60 km/h

D. 此处到宜昌的位移大小是 268 km

图 4－1　试卷错印图

因此老师对于高一级学生的常识感到担忧。此外，高一级还存在另一个问题，就是数学的知识储备不够导致的物理解答题运算问题。（题目见图 4－2）

① 来源：2019 年物理与电信工程学院王恬老师主持的工作坊。

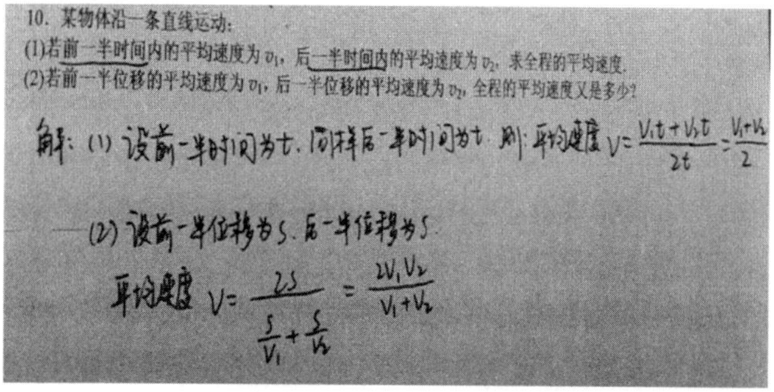

10. 某物体沿一条直线运动：
(1)若前一半时间内的平均速度为v_1，后一半时间内的平均速度为v_2，求全程的平均速度.
(2)若前一半位移的平均速度为v_1，后一半位移的平均速度为v_2，全程的平均速度又是多少？

解：(1) 设前一半时间为t，同样后一半时间为t，则平均速度 $v=\frac{v_1t+v_2t}{2t}=\frac{v_1+v_2}{2}$

(2) 设前一半位移为s，后一半位移为s

平均速度 $v=\frac{2s}{\frac{s}{v_1}+\frac{s}{v_2}}=\frac{2v_1v_2}{v_1+v_2}$

图4－2　学生错误运算

第一个小问中分子分母同时存在t，学生却总是不懂得把t约去，龙老师对此感到很头疼，无奈之际，他还开着玩笑问坐他前面的数学老师：“这里的t可不可以约去”，数学老师回答“当然可以”，“但是学生说不可以啊”，物理老师明显很无奈，搞得数学老师也哭笑不得。

其实对于物理和数学之间的关系，一直是公开的秘密，数学知识储备不够而导致的物理解答题有困难也不是罕见的事。但是这么早就出现问题，让我有点惊讶。

周二去听了高一（5）班的物理课，讲的是第一章第三节　运动快慢的描述——加速度。整节课耗时37分钟，就把一节的内容讲完了（记录见图4－3、图4－4、图4－5）。

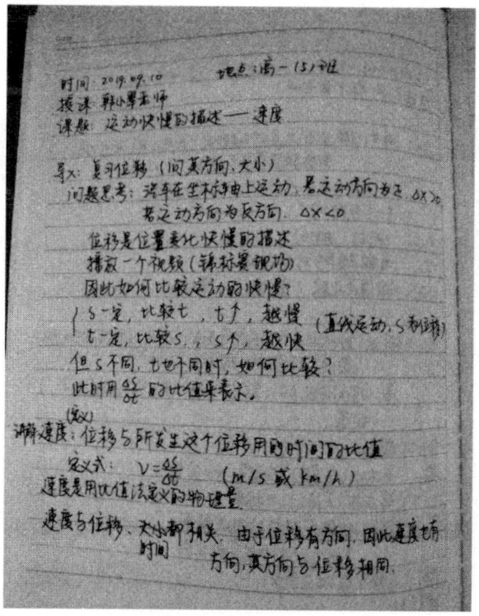

时间 2019.09.10　地点：高一（5）班

课题 运动快慢的描述——速度

导入：复习位移（问其方向、大小）

问题思考：若运动方向为反方向 $\Delta x<0$

位移是位置变化快慢的描述

因此如何比较运动的快慢？

s一定，比较t，t大，越慢

t一定，比较s，s大，越快

但s不同，t也不同时，如何比较？

此时用$\frac{\Delta s}{\Delta t}$的比值来表示。

速度：位移与所发生这个位移用的时间的比值

定义式：$v=\frac{\Delta s}{\Delta t}$　（m/s 或 km/h）

速度是用比值法定义的物理量

速度与位移、时间大小都有关，由于位移有方向，因此速度也有方向，其方向与位移相同。

图4－3　听课笔记①

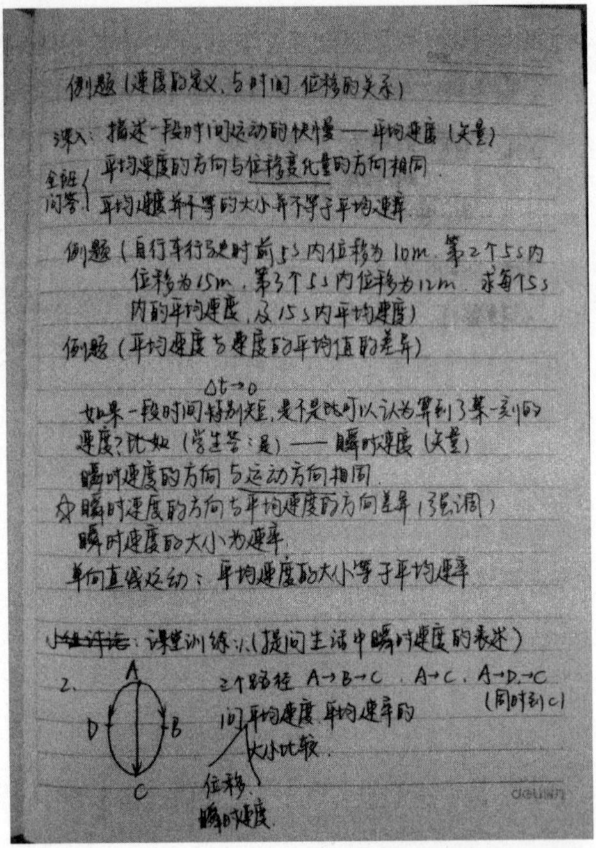

图4－4　听课笔记②

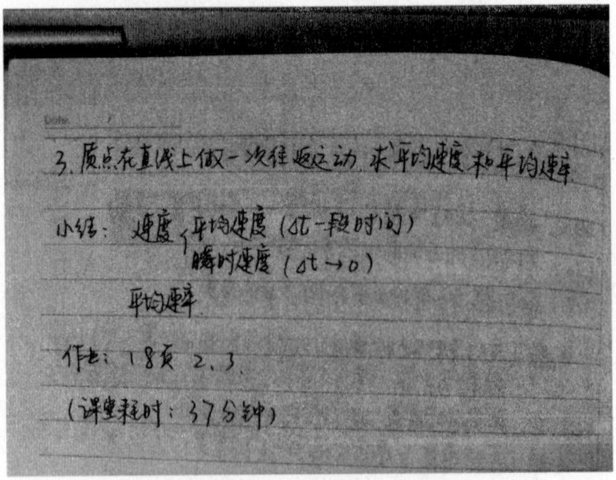

图4－5　听课笔记③

韩老师对于概念教学倾向于先讲授，紧跟着做相关的习题巩固，讲授时，也倾向于引导学生集体参与回答。让我最在意的是，总能在一节课的时间里，顺利把该讲的内容说完，最后剩几分钟，要么讲解上节课的一些题，要么做这节课的练习。这两周的时间里，实习队有几个同学已经开始讲课，以这几位已经讲课的同学的结果来看，师范生最容易犯的错就是上课时不能高效地讲解，导致讲解的时间延长（拖堂）且授课效果不理想。

周三没有物理课，我留在办公室帮韩老师改作业。作业里出现的比较严重的问题是，很多学生不写公式，直接代数计算结果，一时间还以为在批改小学的数学应用题。

周四早上听了物理课，由于打点计时器被其他班借走了，我们班就先讲“加速度”。导入时韩老师说到“火箭的速度由0升到100 m/s，车的速度由0升到8 m/s，那么我们如何描述速度的变化呢？这节课我们就来学习：速度变化快慢的描述——加速度。”这个导入相当快，比起来我们当时大学时的微格训练，可以说很高效。以前我们进行微格训练备课时，对于如何导入总是很头疼，太短的导入担心导入得唐突，但是太长的导入，又可能显得冗长无味。这次韩老师的导入倒让我长了见识。紧跟着刚刚提到的问题，韩老师提出了两个概念：速度大和速度变化大，然后提到速度变化的快慢，定义加速度，再分述加速和减速两种情况的速度变化量的方向以及加速度的方向，此外，做了两道例题强调加速度的题目需要先设正方向，又对于v，$\triangle v$，a的关系做了总结，整节课耗时大概35分钟，但却能把整节内容完整地讲完。至于微格训练时总是超时的我们，想要学会这样成熟地授课，还需要多训练。

周四晚不用上晚自习，因为周五是中秋节，接连着周末一起休假。实习第二周就这样结束了。今周除了听物理课、批改物理作业，还给学生讲解了数学题和英语发音，可以说比上周更有收获。从第三周开始，我就要准备自己授课，虽然仍有不足，但是希望可以尽全力做得更好一些。

第三周周记①

化学学院　2016级　赵颖彤

已经习惯了伴随着六点半的铃声响起，整理衣着，以精神的面貌踏进课室。这周是我第四次上讲台了，讲的是胶体的制备实验，由于没有什么经验带实验课，下课后，感受到一丝的挫败感。

---

①　来源：2019年化学学院罗秀玲老师主持的工作坊。

指导老师的话一直萦绕在耳边："实验，追求的是感受这个过程，课没讲完没关系，可以下一次课再讲。实验，讲的是合作，最好是能够让那些想要一起合作的小伙伴坐在一起。"想想在他们进入实验室时，我就要求他们按照学号坐好，这明明是按照实验规则呀，按照指定的座位坐好，难道错了吗？

规则是死的，其实我也很认同指导老师的观点。因为当他们要按学号坐的时候，有些同学还是挺不乐意的，那为何不先到先得，自由组合呢。

失败是成功之母嘛。回想这三周实习以来，觉得自己要学的东西真的是太多了。想要上好一节课，背后需要不断试讲演练。正所谓台上十分钟，台下十年功。革命尚未成功，自己仍需要努力！

为了迎接中华人民共和国70周年，和风中学师生举办青春"快闪"，放飞梦想活动。周四的时候，我们作为实习老师也参与了这次的拍摄活动。悠扬的歌声，舞动的国旗，豪情壮志的呐喊声，在场的每个人都激情澎湃。午后的阳光，洒落点点滴滴的碎金，每个人的脸上都洋溢着热情。"我爱中国，我爱和风"传遍整个操场。很荣幸能够参与这次"快闪"！见证了和风学子积极向上的精神面貌，他们为了这次活动已彩排了两个星期，由衷地为他们竖起大拇指。

总的来说，每天的事情大同小异，但每天都会有不同的情况发生，我们每天都要保持一种积极的心态，遇事不慌不忙。

比如实验室有学生不小心打碎仪器，这时就要反应迅速，指导学生处理好碎片。有学生在晚自修的时候偷偷拿出手机。对于学生带手机，学校保持"零容忍"的态度，没收手机，对学生进行思想教育，通知家长把孩子领回家反思。还有关于宿舍内务，我找了很多学生聊天，也花了很多心思，解决内务被扣分的问题。

有时候，我觉得处理班级日常事务比备课要难多了，这些事情都是突发的，这就要求我们有深刻敏锐的观察分析能力和灵活的应变能力，像我的指导班主任，我就很佩服她，能够敏锐地洞察到班里的情况。加油，向优秀的教师们看齐！

第四周周记选①

政治与行政学院　2016级　徐凯琳

都说听课是一种最直接、最具体、最常用，也是最有效的研究课堂教学

① 来源：2019年哲学与社会发展学院罗长青老师主持的工作坊。

效果的方法和手段，但我觉得与老师一同备课也不失为学习教育教学的好途径。

这周跟着政治科组长原老师学习了很多。原老师打算申报公开课和指导学生科研课题，邀请我们两位政治的实习老师和她一起出谋划策。原老师不愧是拥有丰富教学经验的优秀教师，看了老师的整个设计，感觉收获良多。

原老师公开课选择的是高中政治必修一第五课“企业与劳动者”中的第二框“新时代的劳动者”。她把班上的学生分为三组，因为这节课是与劳动者紧密相连的，因此要求全体学生搜集照片“心中最美的劳动者”。因为是广东广州的学生，地域上与粤港澳大湾区息息相关，要求第一组学生搜集政府出台的粤港澳大湾区的就业优惠政策；第二组学生则是出一组辩题“就业主要靠个人还是主要靠国家?”让他们进行辩论，引出知识点“劳动者的权利和义务”；最后一组学生完成有关目前社会上的就业观的调查问卷，引出“新时代劳动者的就业观”这个知识点。整个教学设计脉络清晰、形式多样，充分发挥了学生主体作用和教师主导作用，以达到巩固知识和培养能力的目的；非常注重引导学生应用所学知识解决日常生活中的实际问题，提高学生解决实际问题的能力，让“就业”这个话题充满生活气息，与学生个人息息相关。这真是一个优秀的教学设计！

同时，因为备课和听课多了，我对于老师的授课方式和自己的授课风格有了更进一步的认知。有的老师课堂上注重知识间的逻辑、概念的解析，讲课理论性强、利于培养学生的逻辑思维能力，但一定程度上不够生动形象，学生课堂上注意力难以集中；有的老师课堂上注重抓住学生的注意力、注重课堂氛围，但知识点解析不够透彻；有的老师课堂上注重趣味性，上课就像讲故事一样，学生易于理解，但又不够注重总结，没有让学生形成知识体系……

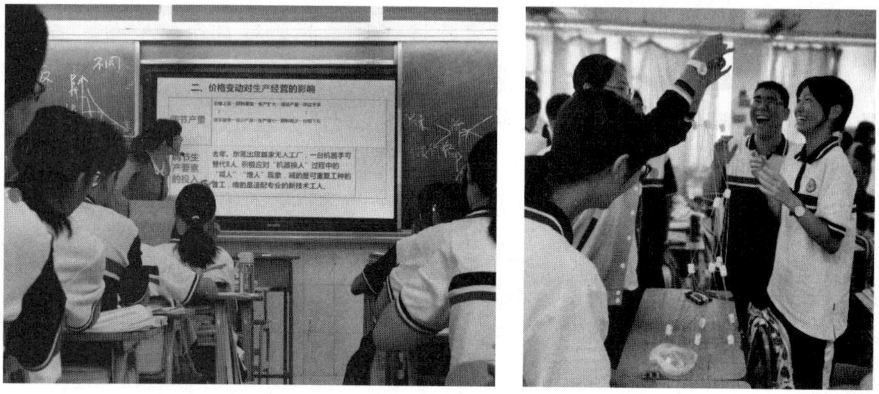

图4－6　课堂与学生互动

总而言之，就像那句话——“教无定法，贵在得法。”每种教学方法都有优有劣、有利有弊，有自己的侧重点和缺失的地方，但只要符合本学科的特点、学生的学情、自己的教学风格，留心品悟不同学生在课堂上的思维类型、学习心理、学习方法和认知规律，不断调整完善，它就是适合自己教学的好方法。

此外，本周我还上了一节垃圾分类的主题班会课。根据中学生的性格特点和喜好，我以一种风趣幽默的方式给学生上了一课，从上海的趣话垃圾分类讲起，用“八戒”来进行垃圾分类，然后讲回垃圾分类的必要性，从国内痛点和国际形势两个方面进行简要科普，论证垃圾分类的重要性。再次回到我们从“一桶天下”到“四桶并立”的广州，简要讲解垃圾分类规定并进行小组知识竞赛。虽然是早上第一节课，但学生们热情高涨，积极参与课堂活动，完全没有以往早上睡眼蒙眬的感觉。知识目标达成，回答垃圾分类的知识竞赛也基本能给出正确答案；情感态度价值观目标和能力也基本达成。感觉这节班会课上得还算成功。

有哲人曾说，世上最聪明的人是那些善于发现别人长处，并能学习别人长处，最终使其变为自己的长处的人。实习，就是在实践中学习。我们实习老师应积极调动自己的主观能动性，用敏锐的眼光去发现优秀中学教师课堂上的每一个闪光之处，慢慢品味、细细揣摩，再将其拿到自己的课堂上去实践印证，这样久而久之，从“模仿”到“创新”，自然会功力日进。希望我也能成为一位优秀的人民教师！

第六周周记选①

音乐学院　2016 级　曾励华

这周发现很有意思的事情。

实习生间互相听课既是帮助对方改进课程，也是对自己的检验。当你观摩一堂课的时候，发现了对方的多少问题？这些问题在你的课堂上有没有出现？你发现的问题跟老师发现的问题有什么区别？一连串，皆是我们该思考的问题。

拿自己的课程举例，本周内容是“情感之声”，书本中有六首曲目供老师选择。老师根据自己的擅长或是思路选择不一样的乐曲，但主线都是要体现出——音乐是情感的艺术。我选用了其中三首乐曲，作品情感包括喜、爱、哀，用《乐记》的话作为串联。设想中，我该是从容站在讲台上，一步

① 来源：2019 年音乐学院叶思思老师主持的工作坊。

一步引导学生们收获知识的，但实际课堂上还是手忙脚乱，出现了一系列的问题。具体是哪些问题，我在课堂上甚至来不及反应，只有在课下听听老师和实习生之间的意见。

实习生同学的意见：①PPT排版、字号等课件问题。②听音乐前应该给予学生关注点，不能盲目地听。③提问不够精准，例如《梁祝》部分，老师在讲解加花时提到：请问音响和谱例有什么区别？这样的问题学生不能迅速领会到老师的意图，学生是无法有目的地去找答案的。④学生回答问题时应该给学生递话筒。⑤课堂环节中的衔接不够巧妙，也没有紧扣情绪主线。⑥歌唱教学定调过高。实习生同学关注的是非常细节的问题，等同于底下学生的课程体验。例如，我听不见别人回答问题，所以希望老师能够把话筒递给学生；问题太宽泛了，我不知道要关注什么，回答什么；这个调太高了，唱到高音，我根本唱不上去。

老师的意见：①你认为课前准备应该是什么？②引导学生分析不同的音乐要素表现不同情绪，但唱作品时你有要求同学用相应的情绪演唱作品吗？③《阳关三叠》为什么要解释“三叠”的意思？这是你课堂的主线吗？老师的一连串发问确实使我有点儿蒙圈。

第一个问题，课前准备。我们现在理所当然地在想教案、PPT如何设计更精美？其实，该是如何把音乐唱好，给学生找一个适合他们的调，练一首好听点的伴奏。为什么要解释“三叠”，在我看来这是这首作品的基本知识呀，但对于今天的主线来说，这个环节确实是没有意义的，并且我并没有让他们完整聆听作品感受“三叠”。

我发现，老师讲的这些并不是课堂中已经暴露的问题，例如没有伴奏学生也唱得挺好的，讲了“三叠”也没有打断我的主题，她讲的是如何让这堂课在本质上更加完善、精练，这是一个专业知识过硬、经验老到的教师对一堂音乐课的敏感度和精益求精的态度。

无论是作为讲台上的老师，还是讲台下的听课者，我们都应该善于发现，继续虚心学习吧！

第七周周记选[①]

地理科学学院　2016级　严焯莹

第七周星期一，我给同学们准备了一节班会课，学校定的主题为“以礼相待，文明校园”。在准备班会课的内容的时候，我还是很纠结的，学校对

① 来源：2019年地理科学学院曾玮老师主持的工作坊。

于这节班会课的具体要求是“强调学生在校园内要举止文明、不乱丢垃圾，着装要整齐，要穿好校服，创建文明校园”。但如果整节课都在强调这些具体要求，我认为这更像一节讲纪律的课，而不是一节班会课，班会课的作用在于使学生得到启发，而不是使他们感觉又受到更多的限制。这个主题可能已经被讲过多遍，所以我决定另辟思路，结合最近班上同学间相处出现的问题，不再只讲要求，更要同学们知道为什么要这么做，从而发自内心地尊重、遵守这个要求，甚至比要求做得更好。因此，我从“礼”这个主题词入手，给同学们讲“礼”字的含义、“礼”的起源与发展等“礼”文化，用中国传统文化给同学们以启发，最终目的是希望他们能发自内心地认同，做到“有礼”，并努力“慎独”。在课件上显示这个主题的时候，同学们都或多或少露出了“怎么又讲这个”的表情，但我从“礼”这个字的组词开始，从繁体字回溯到小篆、甲骨文，考究字源，从《论语》《大学》等经典中解读“礼”文化，同学们也逐渐被内容吸引，跟着我的引导深入思考，重新认识这个天天都能见到的汉字蕴含的中华智慧，以及对他们的期望。课堂的最后，我从同学们的掌声中感受到了他们的认同，也希望他们之后能因为这节课的启发而更主动地注意自己的言行。下午，卢老师联系我，告知她需要请假一个星期，问我能不能独自上所带班级这个星期的地理课，从星期二开始，一共有11节地理课，课程量大，又是我还没有准备的“冷热不均引起的大气运动”的内容，这对我来说是个不小的挑战，但我也认识到，这同样也是个锻炼的机会，于是我很快答应了老师。晚上，我在参考了好几份课件后，结合书本完成了备课，对接下来的几天，我既兴奋，又紧张，希望能让同学们保持学习进度，也不辜负老师的信任。

从星期二开始，我将独自给6个班的同学们上地理课，同时还要批改作业、解答问题，也要独自面对各种情况。而在第一节（12）班的课，课件就出了问题，由于我的课件保存的时候用了WPS格式，而课室的电脑只能打开Office格式的课件，因此我只能临时调整，改为传统授课，比较庆幸的是我对课件内容比较熟悉，课前也做好了备课记录，但是因为要画图，所以课堂进度就慢下来了。下午在（11）班，因为课室电脑故障，同样也变成了传统课堂。这两节课让我意识到，我上课还是太过依赖课件，虽然课件可以呈现很多信息，但是更重要的应该是教师自己讲课的条理性，课件只是一个辅助作用，而不应该充当主角，在备课的时候，就要做好课堂设计，做好随时应对突发状况的心理准备，不能因此影响到教学。

经过前面的三节课，我对星期三的课更有自信，也做了更充分的准备。（10）班的课“热力循环”仍然是传统授课方式，而下午（12）班和

（15）班的课，在课件格式调整后，也终于能用多媒体上课了。我对课堂更大的感受在于对不同的班级，课堂氛围各有区别，也需要教师针对具体情况调整讲课方式。例如（12）班的同学上课都很活跃，互动也很积极，所以个别走神的同学只需要稍微提醒就可以了，而像（15）班上课的时候尤其是女生就会比较安静，后排的同学更容易走神，所以就要时不时走到他们身边，以表示我已经注意到了。而在课堂上，举个他们熟悉的例子，或者打个比方，吸引兴趣，也会取得更好的效果。

星期四早上（15）班的地理课是在第一节。早上第一节课，面临的最大问题就是学生会打瞌睡，特别是跟日常生活联系较少、原理较多的必修一，而第二章是重难点，又需要学生全神贯注，理解透彻。因此，在这节课，除了要把知识点的逻辑讲清楚以外，要花更多的注意力关注学生的听课情况，发现有学生走神的时候，可以直接语言提醒，也可以通过点名回答问题的方式引起注意。下午的最后一节课是（17）班，这个班是美术班，学生基础相对较差，因此，要让学生理解，就要把原理讲得更加简单，条理清晰。而最后一节课学生的上课状态也会更浮躁，因此，我在课堂最后以练习的形式巩固内容，而没有再继续讲新的知识点，在评讲习题的时候也走下去看了每个人的答案，增加了跟学生的互动，以吸引学生的注意力。

星期五早上，仍然是第一节课，而且是美术班（17）班的课，难度就更大了，因此，我也花了更多的时间去提醒学生打起精神，集中注意力，而下午（13）班的课就相对轻松一点，在每节课的课后，我也相应地布置并批改了一部分作业，以检查学生的学习效果。这个星期，我上了 1 节班会课和 11 节地理课，这个强度是我在以前没有试过的，也没有想过在实习的时候能够上完一整个星期的课，但同时，我也得到了更多学生的认可和热情，我在其中收获了跟学生相处的满足感。

晚上，我去走访了女生宿舍，跟三个寝室的女同学都聊了天，了解到了同学们的学习和生活情况，在聊天中，我也感受到她们对新环境的逐渐适应，也有对即将到来的军训的忐忑和对更长远的未来的期待。令我印象深刻的是 413 宿舍的女生们，一直在问我关于选科和大学的事情，也跟我说了自己大学的目标，我讲了很多她们感兴趣的方面，也鼓励她们遇到不懂的问题多主动请教，摸索适合自己的学习方法，朝着目标努力。看到她们的期待，我也想到自己在高中时，也是这样无畏地跟舍友聊大学和未来，每天都努力往目标更近一步，我想这也是我的目前所缺失的勇气，在她们身上我又看到了这种主动出击、不安于现状的闯劲。作为教师，我想不仅是我给他们知识，也从他们身上学习到了我所缺乏的品行，师和生，我认为这不是简单的给予和吸收，而应该是相携进步的关系。我也希望在我短短的实习中，能给他们带来更大的启迪和影响。

第八周周记选①

美术学院　2016级　余乐

本周是我第一次走上真正的讲台来独自面对30多位个性鲜明的学生，因此心情是非常忐忑紧张的。在走上讲台前我已经在脑海里演练了无数遍上课的流程，考虑了许多可能会发生的意外状况，做好一切准备来迎接实战。原本以为这样做我就可以把课堂很圆满地进行下去了，但是课堂的效果实在是一言难尽，对此我需要进行深刻反思，并寻找正确的解决对策。

首先，在上课前我就进行了自我介绍，但只是停留在了介绍自己的姓名，而且表达得过于严肃，一步错步步错，由于没有在一开始与学生建立平等的关系拉近距离，介绍方式和内容过于古板和简单，会让学生对老师产生一种距离感，再加上实习老师的这一个身份，学生对我的课堂就会更加地不重视。

所以在反思过后，我想出了以下的解决对策。

首先我可以在备课的时候，将设计的名字设计成一种简易的艺术字，在上课前几分钟在黑板上绘画出来，这样不仅可以起到介绍自己的作用，还可以展现自己一定的绘画实力让学生信服。还有一种就是制作一个30秒以内的自我介绍视频，展现自己的能力，让学生发现和老师的共同点、共同兴趣，同时展示专业能力，从心理上拉近与学生的距离以便更好地开展后面的教学任务。

在课堂的导入部分，我原本设计的是让两位同学上去完成一个将纸从平面变成立体的一个小游戏，但在实践中发现这个任务难度太过简易，没有挑战，没有激发出学生的学习兴趣，而且也没有请两位学生来完成的必要。所以根据课题“从二维到三维”，下一次我在设计导入环节时，可能就会将自己名字的字母设计成一个从二维到三维的一个可视化的过程给学生更加直观的体验，更好地激发学习兴趣。

在新课讲授环节，由于教学内容过多且重点不清晰，所以导致上课的节奏过快，教学环节混乱，学生没办法跟上节奏，导致教学效果不佳。在教具的准备上，有立体的实物展示，但是由于教具本身没有很明确地指向教学重点，导致学生的理解方向出现了偏差，所以在教具的准备方面，不需要过于

① 来源：2019年美术学院肖映河老师主持的工作坊。

花哨，但却一定要为教学重点、目标服务。所以在备课时，我们只需要准备一个教学重点或者多一个教学次重点，绝对不能贪心，不能过多。新课讲授的过程一定要循序渐进，由简入繁，其中也包括课件中展示的所有欣赏图片、作品，不可以太过于复杂，同时也要与教学重点相契合，突破教学难点。

在课堂实践环节，我在巡堂进行辅导时，发现大多数学生不知道自己想做什么，没有一个明确的方向，不知道应该绘画怎样的线条来将二维的图案变成三维的图案。但也有一部分同学能够想到画一个简易的人物、一些不规则的线条通过镶嵌、裁剪错落等手工技巧去进行创作。这跟我在布置课堂作业的要求指向性不够明确有关。但是在设置作业实践环节时，我会考虑到设置过于具体的作业要求，会禁锢他们的创造力、限制他们的想象空间。比如我规定了他们可以将自己名字中的首个大写字母或者学号进行设计制作，或许就不会有那些利用镶嵌的手法和绘画人物的同学出现了，所以在这个方面我还是有些疑惑。核心素养背景下的教学强调的是在问题情境下去开展教学，把自己名字中的字母从二维变成三维，似乎就可以成为一个问题情境的背景，所以我认为在备课时就应明确教学结果，也就是教师期待的教学成果，并从成果出发来进行教学内容的规划。

第九周周记选之一①

化学学院　2016 级　邓子健

10 月 28 日，今天主要听了物理实习老师的习题课讲解。在听的过程中，有一些引起我注意的和值得改进的地方：①注意语速。语速需要平缓，不应仓促而杂乱，应该有条理，并且给予学生一定的时间反应；②题与题之间的间隔也是需要注意控制，不应过短，否则学生没有思考的时间，整堂课就无甚效果，本末倒置，也不应过长，否则使课堂不连续，学生分神或是着急；③在上课过程中尽量与学生互动，以保证学生能够更好地代入、参与课堂；④提高习题课效率的方法可以通过课前收集学生的疑问和迷思概念，若学生时间不够也可以通过改试卷来了解和收集学生的问题，二者灵活使用；⑤尽量兼顾大部分学生，后排或者角落的学生容易被忽略，这时候应该走下来查看情况，与学生进行交流。

10 月 29 日，今天去听了班主任培训课，获益匪浅。里面最主要说到了绘画心理学对于预防学生心理问题有辅助作用。很多时候这样的心理学知识

---

① 来源：2019 年化学学院林晓明老师主持的工作坊。

能够帮助我们及时了解到学生的内心特点，以及是否有危险的伤人伤己倾向，这样就能够提前做出预测，避免不幸发生。这也启示了我们要多点关注学生，了解学生，才能够明白学生可能经历了什么事情。虽然说教师不是神仙，不能包治百病，不能什么心理问题都能排解，但是最重要的是及时反馈给学生父母，尽到自己的责任，让学生父母掌握知情权。这样也能避免家长的一些不理解。

10 月 30 日，今天周六，学生进行了考试，我负责收集全级学生们的调查表。调查表的调查对象是高三年级学生。主要调查内容是对学校、老师、上课的建议与反馈。通过整理问卷，帮助到我能够更加了解到学生的关注点在什么地方，以及他们的建议。比如说学生们从高二到压力更大的高三，也还在适应高三的高作业量，所以难免会反映作业量大，这个时候也尽量让各科老师协调一下。学生还会把作业量太多的理由说出来：做得太多做不完，然后评讲完后还没来得及做笔记又要重复继续做，这样子换来的效率并不高。确实也有一定的道理，所以有时候收集学生的意见真的很重要，能够及时调整保证学生的学习。

10 月 31 日，今天听了一节高二化学的复习课“焓变”。对于焓变的计算公式以及中和热的计算需要进行回顾，不够熟悉。此部分还会结合分子或原子结构的焓变计算出考点。S_8、N_4、金刚石、SiO_2 等→结构→共价键连接方式→键能计算→ΔH。盖斯定律的运用和理解的另外一条思路：先讲结果(好处是简洁)，后补充原因，降低学习门槛——先说怎么做（用），再说为什么。

11 月 1 日，跟着校长给各个办公室的老师送书、卡片和花。另外旁听了一节专题复习课。有机大题需要在 10 分钟内完成，分值为13 ~ 15 分，属于优先做的大题。做有机题需要有框架意识，往往看起来结构非常复杂的分子，真正发生反应的是某几个部位（官能团）。我们需要找出反应前后的反应位点。在做理综卷的有机合考题，由于需要节约时间，我们应当带着问题去看条件，因为新材料中有很多的条件或者流程或者某个反应其实根本与题目无关却难以理解，这部分往往不要求理解。一些有机题中的小细节：烯醇不稳定变为醛；高分子产物注意写不写端基的区别（差 n 个 H_2O/NH_3）；酯的同分异构体的书写方法有两种：①通用——插入官能团法（键位或碳位）适用于结构复杂含有苯环的类型；②（左）递增（右）递减法，适用于无苯环或是较简单的类型。

第九周周记选之二①

外国语言文化学院 2016级 梁晓慧

本周我们对两个月的实习工作进行了总结。回顾两个月的实习工作，不管是在教学方面还是班主任工作方面，我们都取得了较大进步。本次实习期间我总共听课45次，其中包括旁听英语学科不同教师的课堂以及实习队不同科目实习老师的课堂。在旁听过程中我学习到了不同的教学方式，发现了现实课堂与理论中课堂的不同。比如，大部分现实课堂以教师讲解为主，比较倾向于单词用法和语法知识点等应试知识的讲解。针对不同班级的不同学习情况，教师会拓展一些课外知识，如我的指导老师刘老师会在课前讲一些热点新闻，并结合本单元知识点改编一些文章，有利于激发学生的学习兴趣，学生上课积极性较高，对于知识点的记忆也会比较牢固。富有经验的莫老师对于拓展知识点的衔接也是非常流畅，常常结合自身经历介绍生活中的常用单词和搭配，学生课堂参与度很高。另外，教师们对于上课节奏和时间的把控非常准确，常常能根据学情把知识点浓缩到40分钟，这也是我们需要学习和不断加强练习的方面。另外由于经验丰富的教师对于考点把握准确，常常能抓住教学重点进行授课，从而节约了教学时间，这也提醒我们日后走上教师岗位仍要不断向经验丰富的教师们学习，吸取更多宝贵的教学经验。实习期间我总共授课11次，在首次走上讲台之前感到无比的兴奋和紧张，一节课下来后我的心情放松许多，真正感受到了讲台的魅力，也收获感满满。课后指导老师给我进行了详细的指导，使我受益匪浅。

我担任实习班主任的班级为高一（7）班，7班属于高一级重点班之一，总人数为52人，其中男生25人，女生27人，中考平均分在691分以上，月考成绩位列年级前茅，学生总体学习态度较好，自习较为专注，但部分男生自律性不够强，需要加强管理。实习期间我协助班主任老师进行班级日常管理、到班监督、个别教育等工作，站在教师的角度理解到班主任工作的琐碎与繁杂以及其中学问之深。在担任实习班主任的两个月里，我主要协助班主任老师进行早读、午读、晚修到班监督；及时了解班中学生情况，必要时进行个别教育和家访；留意学生的心理状况，及时预防和处理；重大活动前及时告知学生并做出活动安排、及时跟进等等。除此之外，班主任老师还需要制订班级规范、负责与家委会和家长的联系、各种事务上收集学生信息、反映学生情况、及时处理特殊情况等等。从中我深刻体会到班主任工作的不

① 来源：2019年外国语言文化学院梁红梅老师主持的工作坊。

易，班主任老师需要极大的耐心和责任心面对诸多繁杂的事务。在班规制定、换座位制度等细微的方面都需要再三斟酌，需要考虑学生的学习情况、心理情况、对周围同学造成的影响等等。有效的班级规范不仅可以约束部分性格较为跳脱的学生，还可以帮助学生树立良好的学习习惯、激励学生向身边的榜样学习。另外，对于学生细致的观察和及时的了解也十分重要。由于石龙中学为全封闭的寄宿制学校，班主任不仅要关注学生在班级中的学习情况，还要留意学生在学校的生活状况，防止学生违反住宿规定、有影响学业和身心健康的情况出现。实习期间我旁听了 4 次班会课、主持了 2 次班会课，认识到班会课的重要性。班主任老师通常可以利用班会课做一些学习之外的补充教育，如爱国教育、班级活动回顾、考试分析等等。

第二节　班级管理实习工作坊指导任务设计

一、班级管理实习基本要求

班级管理实习的目的在于使实习生初步掌握班主任工作的内容、特点和方法。原则上一个实习生负责一个班级。各个师范院校对班主任实习工作的要求可能有差异，本研究以华南师范大学为例加以说明。

班主任实习工作须在原班主任统领下做好以下各项工作：

（一）制订班级管理工作计划

在 1 ~ 2 周内了解掌握全班学生的思想、学习情况，制订出班主任工作计划，内容至少包括班主任工作目标要求、班级活动安排、主题班会的内容、思想政治教育工作重点、集体工作措施等。

（二）开展班级思想政治教育

领导班集体，对班集体进行思想政治教育，指导班、团干部开展工作，发挥班、团干部的积极作用。

（三）组织班会课及班级活动

每个实习生至少上一次主题班会课，独立组织一次班级活动，可以包括班课、团课、班干部会议、班活动、团活动等。

（四）做好班主任的日常工作

如指导早读、早操、文体活动、检查教学日志、检查卫生、批改周记、家访等。

（五）做好学生个别教育工作

每个实习生必须在全面了解全班各方面情况的基础上，至少深入了解一个后进生的学习、思想、行为习惯等方面情况，做好个别学生转化工作。

（六）组织开展综合实践活动

每个实习生都要组织和指导中小学生开展综合实践活动，应用本学科知识开展课外科技活动或知识讲座。未经实习学校批准或同意，实习生不得擅自组织校外集体活动或将学生带出校外进行其他活动。凡是校外集体活动，必须以原学校教师为主组织，实习生辅助管理。

二、班级管理实习注意事项

班级管理实习一般包括班干部选拔与培养、班级文化建设、主题班会组织、学生转化、学生心理辅导、综合性实践活动开展等内容。在班级管理中至少上一次主题班会课、独立组织一次班集体活动（包括团课、班干部会议、班团活动）、找学生谈心不少于10人次等。

为履行好班主任工作，实习生需注意以下事项：

（一）与原班主任的工作协商

从以往的班级管理实习中发现两种需要注意的情况：一种是原班主任不肯放手，事事亲为，只是让实习生协助做些不太重要的事项，遇到这种情况，请向原班主任主动请缨承担一些具体的班级活动。另外一种则是原班主任放任实习生自行管理班级，没有予以适当的指导，这时也请主动虚心地就具体班级事务活动向原班主任请教。

（二）调动班干部的积极性

实习生往往因为初次手执班级管理大权而实习热情度高，各种班级事务都大包大揽，没有给予班干部施展才华的空间。要知道管理班级的过程是不断促进学生学会自我管理、提升他们主体性的过程，达到“无为而治”。要实现这样的目标，要从班干部培养抓起，逐步、合理地给班干部分工，调动他们的积极性，让他们感觉到有事可干，让他们在干事中带领其他同学一起成长。打造出一支有力的班干部队伍，是班主任工作有效性的重要保障。

（三）关注学生学习习惯

作为班主任，同学们可能着重关注班级的纪律、成绩和组织学生活动等问题，而忽视了对学习习惯的关注。建议以班会课或课下聊天的形式，了解不同层次学生的学习习惯，例如是否偏科、听课做笔记的习惯、作业的完成时间与做作业的习惯、及时复习的习惯等等，并针对性地给出改进建议，帮助所带的班级形成良好的各学科的学习习惯。这同样是实习班主任的重要任务。

三、班级管理实习指导设计

（一）指导目标

以工作坊远程指导和实习基地学校面授指导相结合、优势互补的混合式指导，强化班级管理实习指导的针对性和有效性，让实习生掌握班主任工作的内容、特点和做法，提升班级管理实习质量。

（二）指导内容

针对班级管理实习的基本要求，可以围绕但不限于如下主题设计指导任务：

（1）如何制订班级管理计划。

（2）开展班级思想政治教育的方法、路径、策略。

（3）班会课（班级活动）常见主题、开展方式方法。

（4）如何高效、有效组织班级管理日常工作。

（5）如何做好学生的培优补差、个别跟踪指导。

（6）综合实践活动开展的形式和策略，课外科技活动、社会实践活动等组织。

（7）留守儿童及隔代教育学生的心理疏导。

（三）指导形式和策略

根据班级管理实习的要求，结合班级管理实习工作坊任务，可以采用如下的一些指导形式：

1. 专题指导

每周至少开展一次班级管理专题辅导。

2. 在线研讨

每两周至少开展一次班级管理同步在线研讨。

3. 论坛讨论

参与班级管理工作坊论坛的问题讨论，对于个性化问题，给实习生个性化指导；对于共性问题，给予实习生集体指导，用专题辅导或同步研讨的形式，做进一步深入探讨。

4. 视频点评

为至少10个实习生各点评一次主题班会视频。

5. 资源分享

整理、分类班级管理实习相关资源，供实习生在准备班会课及组织班级活动时选用。同时，实习生也可以分享自己的一些优质资源。

（四）案例赏析

班主任工作是教育实习主要任务之一。班主任是全班学生的组织者、教育者和指导者，是学校领导进行教导工作的得力助手和骨干力量，在各种教育力量的统一影响过程中起着协调作用。

为让大家直观了解班级管理实习工作坊的情况，现将华南师范大学心理学院黄喜珊老师担任坊主的班级管理工作坊案例分享给大家，供参考。

[案例分享5] 班级管理实习工作坊实例

2019年黄喜珊主持的班级管理指导工作坊①

（坊主：黄喜珊；副坊主：翁秀凤、曾连珍、邓增弟、郑世炳、刘婉、张芸卉）

一、活动安排和考核

（一）班级管理指导工作坊简介

班主任的班级管理工作是指班主任按照教育目标和学校教育计划的要求，对班级进行组织、指导、协调、控制，建立和发展班集体以全面实现班级管理的目标。这其中强调了班主任在班级管理中的管理与领导作用，并要求班级形成正确的集体舆论，建立完善的组织结构、合理的规章制度，提供

① 本案例选自华南师范大学心理学院黄喜珊老师主持的工作坊，特此致谢。

良好的学习环境与条件，使学生主动、全面、个性化发展。

基于在班级管理过程中班主任需要进行的工作内容及可能遇到的问题，本工作坊提出围绕班干部选拔与培养、班级文化建设、主题班会组织、学生转化、学生心理辅导、综合性实践活动开展等主题，对班级管理工作进行指导。

本次工作坊主要以指导、自学为主，答疑为辅，在不同的主题活动下，相关教师通过分享资料、组织讨论等形式进行辅导。

（二）班级管理工作开展建议及计划

1. 准备阶段

学生应当对实习学校和对象进行了解，并制订实习计划和规划，做好相关的准备，如了解学生基本情况、班级管理工作内容等。

2. 见习阶段（第1周）

学生确定负责管理班级对象，同实习学校的指导教师明确班级管理任务，与实习学校学生进行首次见面并熟悉。

实习生观摩示范课，跟班见习和听课等。

深入了解班级，了解和熟悉学生情况，向指导教师学习如何进行工作计划和开展教育教学工作。初步开展班级管理工作，并及时和指导教师进行沟通。

3. 实习阶段（第2~9周）

协助班主任开展日常班级管理工作，并进行工作记录和学习。

做好班级管理笔记，并及时向原班主任进行汇报。

4. 总结汇报阶段

实习生根据自己在实习中的表现，重点围绕班级管理工作进行总结和汇报。实习结束后，每位实习生上交一篇800字左右的班级管理实践报告作为班级管理实习成绩鉴定的依据。

（三）工作坊活动具体时间人员安排（2019年9月2日至11月3日）

表 4-6 班级管理工作坊日程安排

建议活动完成时间	活动主题	主题内容计划	负责教师	备注
9月2—8日	班级管理工作开展及调查	1. 认识班级管理的工作内容。 2. 分享班级管理工作认识和规划	张芸卉	每个主题具体内容由负责的副坊主老师准备，并在相应的时间或提前在平台发布主题学习内容及活动，请同学们及时查看并学习。 此外，如对相关主题有问题，请私信相关的负责老师
9月9—15日	班级文化建设	1. 观察实习班级的文化建设，罗列要点并交流。 2. 班级文化建设策略。 3. 形成班级文化建设思路，草拟未来带班班级文化建设方案	邓增弟	
9月16—22日	班级管理架构组建	1. 如何合理选拔班干部。 2. 如何加强班干部的培养，为他们营造良好的工作氛围。 3. 如何充分发挥班干部的作用	曾连珍	
9月23—29日	主题班会组织	1. 主题班会课如何进行选题、设计。 2. 了解主题班会课中存在的几个误区。 3. 主题班会课优秀案例分享。 4. 班会课设计作业提交（包括教案和PPT）	翁秀凤	
10月8—13日	学生转化	1. 如何快速认识、熟悉学生（情况登记、目标书、分类约谈）。 2. 如何确定待转化学生（类型）。 3. 不同学生的转化策略	郑世炳	
10月14—20日	学生心理辅导	1. 认识不同心理辅导的方式。 2. 如何针对不同学生群体设计心理辅导方案。 3. 案例研讨	刘婉	
10月21—27日	综合性实践活动	1. 综合性实践活动认识。 2. 综合性实践活动开展要点	张芸卉	
10月28日—11月3日	总结+考核	在专栏部分提交最终作业	张芸卉	

（四）工作坊考核方式

1. 实习考核

（1）平时成绩：包括工作坊任务的参与度和活跃度，计算提交作业量和回帖数，占总成绩60%。

（2）考核成绩：实习期间，每位同学需要提交一份班会课设计（教案和PPT）；实习结束后，每位参与工作坊的实习生上交800字左右的班级管理实践报告，占总成绩的40%。

2. 班会课评分标准

整体设计上，教案完整，环节清晰。内容上，主题明确，立意新颖，符合班级实际，贴近学生显示；内容具有时代性、思想性、知识性、趣味性；形式力求多样性、新颖性，气氛和谐，乐于接受，环节设计合理，总结要有升华，充分发挥学生的积极性，学生在活动中有分工、有角色，能快乐地参与。

3. 实习成绩

实习成绩分为优秀、良好、及格、不及格四个等级。

二、工作坊的整体框架

1. 班级管理指导工作坊安排

班级管理指导工作坊活动安排和考核。

2. 班级管理指导工作坊第一次活动——认识班级管理工作

（1）班级管理工作认识的分享与讨论。（讨论区）

（2）班级建设步骤。（文件）

3. 班级文化建设

（1）你所在的实习班级有没有打动你的班级文化建设，邀你一同分享！如果有疑惑也可以提问！（讨论区）

（2）留心观察实习学校各班的标语和口号，请分享最打动你的班级标语或口号。（讨论区）

（3）你所在的实习学校班级有设立图书角吗？你认为在落实中存在什么问题？如果你有好建议可以一起分享！（讨论区）

（4）班级图书管理制度参考。（文件）

（5）班级图书借阅记录参考。（文件）

（6）班级文化布置参考及自评。（文件）

4. 班级管理架构组建

（1）了解学生各人所长，知人善任，合理选拔班干部。（讨论区）

（2）如何加强班干部的培养，为他们营造良好的工作氛围？（讨论区）

（3）如何充分发挥班干部的作用？（讨论区）

（4）班级管理架构组建之班干部的选拔与培养。（文件）

（5）班委会的组建和班干部的培养。（文件）

5. 学生心理辅导

（1）如何针对不同学生群体设计心理辅导方案？（讨论区）

（2）有哪些群体的学生需要心理辅导？这些学生有什么共同点？在心理辅导的过程中需要注意什么？

（3）学生心理辅导常用技巧。（文件）

（4）分享一个你在实习中感到棘手的个案，以及你尝试处理的方式。（讨论区）

6. 学生转化

（1）你是如何认识、记住学生的？（讨论区）

（2）你没有遇到什么让你想要转化的学生？（讨论区）

（3）班主任工作中关于问题学生的教育和转化技巧。（文件）

7. 主题班会

（1）主题班会课如何进行选题、设计。（文件）

（2）了解主题班会课中存在的几个误区。（文件）

（3）主题班会课优秀案例分享。（文件）

（4）主题班会课设计。（作业）

8. 综合性实践活动

我的成就故事。（作业）

第三节　综合管理实习工作坊指导任务设计

一、综合管理实习基本要求

（一）教育调查

教育调查是教育实习任务的重要组成部分，教育调查研究能力也是教师专业化的体现。教育调查研究的目的是使师范生在选择有应用价值的基础教育课题研究过程中，培养适应和推动基础教育改革和发展的专家型、知识创新型的新时代教师。同时，通过开展教育调查研究为中小学教育教学改革和发展提供智力支持；实习生得以掌握调查研究方法、练就教育科研能力。教育调查须在取得实习学校同意后进行。各师范院校对教育调查工作的要求可能有所差异，本研究以华南师范大学为例加以说明。

华南师范大学师范实习生教育调查的具体要求如下：

1. 调查内容

从实习学校和当地情况出发开展调查，调查内容可结合当地情况加以选择。可以围绕实习学校某学科的教学传统风格、教育教学改革经验、中小学生学习某学科的心理特点、学习习惯、学习态度、学习方法、综合实践活动开展、学生教育转化、素质教育开展等内容进行选题，也可以对某学科优秀教师的教学经验进行专题研究，等等。

2. 报告撰写

每个实习学生均需撰写一份2 000字以上的调查报告。优秀调查报告可作为毕业论文。

3. 调查形式

每个实习生在完成个人教育调查基础上，可以实习队形式对实习学校或当地社区教育情况进行调查，撰写调查报告。学校对于优秀调查报告，予以适当奖励。

（二）教研活动

在实习期间，每位实习生在做好教学实习、班级管理、教育调查等工作的前提下，应积极参与当地教育部门或实习学校组织的各种教研活动，包括校内外公开示范课，听课、评课、说课活动，科组研习活动，教研教改活动，教学教法研讨会等，每次活动需撰写活动记录及心得体会。

（三）社团活动

课后开展各类社团活动是中小学丰富的校园生活的反映。实习生可以应用本学科知识，主动协助实习学校开展科技节、艺术节、运动会等，可以开设一些课外兴趣小组，可以开设课外聊天室，以知心哥哥或知心姐姐的身份与学生聊天，帮助解决他们的心理困惑，也可以给学生们开设一些课外知识讲座等。所开展的各项综合性活动，必须经实习学校批准，不得擅自组织校外集体活动。

（四）其他任务

从提高师范生综合素质和满足实习学校及周边地区需求出发，在完成教学实习、班主任工作以及教育调查研究任务的同时，可结合师范生能力和所学知识适当安排一些其他任务。如：兼任中学校长助理、团委副书记等工作，为实习学校学生开展课外科技活动或知识竞赛，为周边地区开展科教下乡活动等。

二、综合管理实习注意事项

（一）教育调查

1. 每位实习生撰写一份调查报告

每位实习生要对自己所任教的学生进行一次普查，主题可以是学科学习、同学交往、师生关系、家庭教育、课外活动等方面，独立写出一篇不少于2 000字的调查报告。

2. 每个实习队完成一篇调查报告

各实习队也应以团队为单位完成一篇不少于3 000字的调查报告，主题可以是学校管理、校园文化建设、教师工作积极性、学生学习状态、综合实践活动等。

3. 调查前需与实习基地取得沟通

无论是个人抑或实习队的调查报告，应在实习结束前提交给实习学校，以便对实习学校能够起到一定的启发作用，调查前应征询相关教师或领导意见。

（二）教研活动

实习生在实习期间要积极参加相关的教研活动。这些活动可能是全校性的，也可能是年级性或科组性的；有些学校会组织本校教师到校外参加相关教研活动，实习指导教师可能邀请实习生参加，实习生可积极参与。到校外参加教研活动时务必注意交通安全等。

（三）社团活动

实习生在中小学校开展社团活动是活跃中小学校园生活，也是展示自身综合素养的大好机会。要充分利用团队的力量，利用当地的资源，结合本校本班的实际，开展丰富多彩、切实可行的社团活动。所开展的活动，请征得所在实习学校的同意，特别是校外活动，务必获得实习学校的批准，不得擅自组织。

（四）其他任务

除上述活动外，实习生可以根据所学专业，以及自身的特长，适当安排一些其他活动，以全方位锻炼自己的综合素养，为当地百姓、为当地学校、班级做一些力所能及的事情，锻炼实习生的教育情怀，增强教育的历史使命和责任担当。

三、综合管理实习指导设计

（一）指导目标

以工作坊远程指导和实习基地学校面授指导相结合、优势互补的混合式指导，强化实习生在教育调查、学科教研、社团活动、其他任务等实习指导的针对性和有效性，让实习生掌握教育调研、学科教研、社团活动等的基本内容、方法、要领，提升综合管理实习质量。

（二）指导内容

针对综合管理的基本要求，可以围绕但不限于如下主题设计指导任务：

（1）教育调研的选题。

（2）调研调查的设计、实施、结果表述。

（3）教育调查典型案例赏析。

（4）学科教研的基本形式及典型案例。

（5）如何提升学科教研的质量和水平。

（6）社团活动开展的主题。

（7）社团活动策略与方法。

（8）社团活动案例述评。

（三）指导形式和策略

根据教育调查、学科教研、社团活动等的实习要求，结合综合管理实习工作坊任务，可以采用如下的一些指导形式：

1. 专题指导

每两周至少开展一次综合管理专题辅导。

2. 在线研讨

每周至少开展一次综合管理同步在线研讨。

3. 论坛讨论

参与综合管理工作坊论坛的问题讨论，对个性化问题，给实习生个性化指导；对共性问题，给予实习生集体指导，或专题辅导，或同步研讨形式，做进一步深入探讨。

4. 资源分享

整理、分类综合管理实习相关资源，供实习生在教育调查、学科教研、社团活动等实习活动时参考，同时，实习生也可以上传自己在综合管理方面的优质资源，供同伴分享。

（四）案例赏析

教育调查、学科教研、社团活动等综合类活动的实习也是教育实习任务之一。

为让大家直观了解综合管理实习工作坊的情况，现将华南师范大学教育科学学院刘录护老师担任坊主的综合管理工作坊案例分享给大家，供参考。

［案例分享6］综合管理实习工作坊实例

2018年刘录护主持的综合管理坊①

（坊主：刘录护；副坊主：张芳、许绍群、闫娜、陈柳、陈郁慧）

一、主题1　实习讨论区

1. 第1周。实习交流讨论：自己的实习想象、目标与准备（讨论区）

交流内容包括：

（1）怎么想象自己的实习活动的，如心理、内容、方式等。

（2）对于实习具有怎样的个人目标，如能力、经验、专业、职业发展等。

（3）自己对于实习做了什么样的准备，如物质条件、心理调适、信息沟通等。

2. 第2周。交流主题：实习环境素描（讨论区）

交流内容包括：

（1）学校的基本信息：基本设施、区位、生源的来源、质量与数量；班级数量、班级人数规模、师资力量、升学率等（如不能精确的，大致描述即可）。

（2）学校的办学理念、发展目标及其具体可以实施的支撑措施。

（3）校园文化：学生的流行文化、兴趣活动、家校沟通和关系等。

（4）实习班的基本情况：人数、性别比例、同学交往、师生关系等。

3. 第3周。交流主题：实习学校指导教师的个性特征与互动（讨论区）

① 本案例选自华南师范大学教育科学学院刘录护老师主持的工作坊，特此致谢。

交流内容包括：

(1) 指导教师的个性特征，如性别、年龄、基本家庭状况、个人爱好、学历状况、班级管理能力、教育理念与指导要求等。

(2) 自我如何向其学习、与其相处协作？

4. 第4周。交流主题：实习工作内容的进展（讨论区）

交流内容包括：

(1) 你在实习学校目前都从事了哪些工作？

(2) 实习工作完成质量如何？

(3) 在实习工作中有哪些收获和困难？

5. 第5周。交流主题：实习工作感触（可自由选择）（讨论区）

交流内容包括：

(1) 你在实习过程中，具有怎样的心理感受与波动，这导致你的行为具有怎样的变化呢？

(2) 你在实习中最开心的事情是什么？最沮丧的事情是什么？请尽可能地详细描述一下？

注明：本周国庆放假，大家有兴趣可继续参与，不参与也可以。

6. 第6周。交流主题：教师职业观察（讨论区）

交流内容包括：

(1) 描述自己在实习中接触和交往中的教师，他们各有什么优点和不足？为什么？你如何借鉴？

(2) 实习中接触和交往的教师，处在什么样的职业状态中，认同还是抱怨，轻松还是疲倦？这与其职业能力、家庭生活状态具有什么样的关系？

(3) 实习中接触和交往的教师对你有什么影响，影响了你的哪些方面？你如何应对的？

(4) 实习中接触和交流的教师，不同岗位的教师乃至领导具有什么样的行为差异？为什么？

7. 第7周。交流主题：自己的实习收获（讨论区）

交流内容包括：

(1) 你此次实习最大的收获是什么？

(2) 这些收获在什么方面？来自哪里？

(3) 实习收获促使你具有什么样的行为变化？

8. 第8周。交流主题：自己实习过程的不足与困惑（讨论区）

交流内容包括：

(1) 你在实习中碰到什么难以解决的问题？

（3）自己对实习中所遇问题尝试性的解决方法收效如何？

（3）实习中还有什么没有解决的困惑？

（4）你之后遇到类似问题，更佳的应对策略是什么？

9. 第9周。交流主题：实习改进（讨论区）

交流内容包括：如果实习再来一次，你要改进什么？

二、主题2　专题辅导

1. 辅导专题之1～2周。实习适应和准备（讨论区）

这两周的辅导专题是实习准备，实习小队的队规建设、实习踩点报告参考、实习计划、实习准备工作、实习物品、教师习惯培养、新教师在课堂教学中的注意事项等内容。请大家参阅，并可讨论、留言！

2. 辅导专题之3～4周。同事互动与关系（讨论区）

这两周辅导同事互动，大家可以看看正规的辅导论文以及在职教师在工作中的总结思考；此外，家长的关系也至关重要，以及教师的专业发展等方面。同学们可借此思考自己的实习工作，并发表相应的评论。这些在职硕士是广东省各个地方中小学的教师，考到我们华师的在职研究生，暑假到华师上课，平时都是在自己所在学校做老师，他们的总结与反思，我看了都为之感动和收获，也作为大家分享和思考的材料！所有材料均涉及不同的个人隐私，请大家学习，但不要传播！

3. 辅导专题之5～7周。师生互动与关系（讨论区）

这三周的辅导专题是师生互动与关系，集中于各种学生问题的应对，尤其需要教师投入巨大精力并对教师造成影响的学生。此外也具有一些教学技能的内容。辅导的主要材料依然是来自于华南师范大学在职教育硕士的工作总结思考，以及部分论文。其中，在职教育硕士的工作总结思考，涉及个人隐私，仅供大家学习参考，请勿传播！

4. 辅导专题之8～9周。实习反思与总结讨论区

每位实习生须提交自己的实习总结一份。大家对于实习的总结不必面面俱到，选择自己有感触的点精心描述并思考，有所收获就好。辅导材料也具有一些班级管理的内容供大家思考和借鉴。辅导的主要材料依然是来自于华南师范大学在职教育硕士的工作总结思考，这些内容涉及个人隐私，仅供大家学习参考，请勿传播！

三、主题3　实习见闻（实习见闻区　讨论区）

本交流区域主要展示大家在实习中的见闻，包括奇事趣闻、思考点滴、经历感触、挫折委屈、惊喜收获等内容，大家相互交流、分享、学习、开心与进步。

四、主题4　答疑解惑（答疑解惑区　讨论区）

本区域主要是为实习同学提供答疑解惑。大家在实习中有什么困惑或者问题，都可以在此提问，老师和同学们相互帮助，提供自己的见解和认识。所以，大家的问题，大家参与，大家都可以问，大家也都可以答。

五、主题5　问卷调查

本工作坊最后作业：有关实习生实习冲击现象的调查问卷。

第五章　混合式教育实习模式的实践成效

第一节　实习生的收获

一、师范类实习生受益面广

混合式教育实习模式已于2016—2019年连续4年在华南师范大学的师范类多个专业混合编队教育实习中实施，覆盖语文、数学、英语、物理、化学、生物、政治、历史、地理、音乐、美术、体育、信息技术等13个学科。参与辅导的教师达538人次（其中，大学教师178人次，中小学教师360人次），师范实习生受益人数达6 545人次。与之前没有实施混合式教育实习模式相比，实施该模式指导的实习生普遍反映实习指导得到了较大的强化（见表5－1）。

表5－1　混合式教育实习模式实施概况（2016—2019年）

年份/年	工作坊数量/个	辅导教师数/人次	大学教师/人次	中小学教师/人次	受益学生数/人次
2016	26	88	26	62	1 410
2017	53	151	53	98	1 734
2018	50	143	50	93	1 698
2019	49	156	49	107	1 703
合计	178	538	178	360	6 545

二、实习生实践技能训练扎实

通过混合式教育实习模式，教师对实习生的指导更加扎实，学生的教育教学实践能力提升得更快，在各级各类技能竞赛中，学生的教学技能水平初露端倪，学生频获省级、国家级竞赛的大奖。譬如，在教育部主办的东芝杯·中国师范大学理科师范生教学技能创新大赛中，连续十届保持届届获奖，成为保持届届获奖的四所师范大学之一，其中，一等奖获奖人数及总获奖人数居全国第一；又如，在全国师范大学教务处长联席会议主办的全国师范技能竞赛中，华南师范大学成为保持科科获奖两所高校之一，历届总成绩位列全国第二；再如，在广东省教育厅主办的本科高校师范生教学技能竞赛中，华南师范大学在历届比赛中保持绝对的领先优势。以2018年为例，在15个学科组的54名一等奖中，华南师范大学占18名，占全省的1/3。

三、实习生实习表现评价高

通过混合式教育实习模式的实践，由于加强了大学教师和中小学教师团队的专业指导，大学教师、中小学教师、实习生之间的交流互动明显增加，实习生的实习热情高涨，学生实习受到一致点赞。每年教育实习中期检查时不乏听到实习学校的称赞，认为实习生“工作责任心强”“一心扑在教学上”“整体素质非常高，且一年比一年好，无论是工作态度，还是工作投入程度，都让在职教师非常满意”等。

四、毕业生受用人单位青睐

通过混合式教育实习模式指导，实习生的实践教学能力得到较快提升，为其就业求职奠定了扎实的基础。相关的毕业生在招聘求职中得到用人单位的青睐和好评。

譬如，国家级示范性高中东莞中学近几年面向全国招聘了约70名新入职教师，有30多名毕业于华南师范大学；又如深圳罗湖区教育局在《关于推荐优秀学生到深圳市罗湖区进行教育实习的函》中如是说“贵校培养的学生以基础知识扎实、综合素质高、专业素养好而闻名于业内，受到社会广泛认可和用人单位一致好评”。

又如，2015年起深圳市教育局、广州市教育局以每月给每生发放1 000元补贴的方式邀请华南师范大学师范生到其属下学校开展顶岗实习；华南师范大学学生参加深圳市新入职教师的招聘，享有与部属师范大学学生同等对待：免笔试，只面试。

五、工作坊平台成学生好帮手

基于“互联网＋”建构的实习工作坊平台，汇聚了众多的实习教学资源，记录了实习生的成长轨迹。这些资源和材料，是师生学习不可多得的宝藏。一方面是师范生同辈之间相互学习的样例，成为师范生实习备课、就业应聘素材的重要来源；另一方面是大学教师在教师教育理论课程教学中的鲜活案例，中小学教师通过此平台也可以得到不少理论的启迪。经过几年的积累和熟悉应用，工作坊已经成为师生专业成长的好帮手。据不少学生反映，在实习工作坊中学到的教育教学技能，在应聘上也派上了用场，让他们对信息技术与课程教学的融合也更加充满了期待。

第二节 教师的收获

一、大学教师的收获

（一）中小学教师成为一线实践案例的来源

中小学一线教师是师范大学教师教育者重要的研究对象。混合式教育实习模式，将师范大学教师、中小学教师组成一个密切合作的指导团队，实现理论与实践的无缝对接，通过亲密无间的协作，可以更好地总结提炼中小学教师的经验做法，并提升到理论的层面。从这个意义上说，中小学教师为大学教师提供了很好的一线实践案例。

（二）实习生成为鲜活的生成性资源的源泉

在指导过程中，与实习生的互动中，形成了大量的生成性资源，既可以用作指导同届的实习生，也可以作为后续指导的案例，还可以作为课程与教学论、微格教学等课程的生动案例。而且，这些资源都属于生成性资源、再生资源，只有通过与实习生的深入互动交流才能获得。

（三）实习基地成为教育理论和研究试验田

师范大学的教育理论创新、教育研究，需要紧密结合中小学一线的实际，引领基础教育课程改革的前沿。混合式教育实习模式，为师范大学的指导教师提供了这样的契机；可以将自己的教育科研，有机融合在指导工作中，让实习基地学校成为教育理论创新和教育研究的试验田，促进教师教育理论不断地创新和蓬勃发展。

（四）平台成为教师专业成长的信息化空间

该模式的实施较好地记录了师范生的成长记录，也完整地保留了指导教师的指导轨迹，成为指导教师信息化的成长空间，为指导教师后续工作的改进、经验的总结、理论的提升，都提供了丰富的、生动的信息化平台，较好地促进了师范大学教育工作者的专业成长。

二、中小学教师的收获

（一）近距离获得前沿教育理论的引领

混合式教育实习模式，采取的是“大学教师＋中小学教师”组团式对实习生开展实习指导。这为中小学教师近距离获得前沿教育理论的引领提供了很好的契机。大学教师和中小学教师在共同对实习生进行指导的时候，大学教师的前沿理论引领，与中小学教师一线实践必须有机地融合，才能对实习生的指导真正产生作用。正如南京大学郑毓信教授大力提倡的：数学教育既需要“理论的实践性解读”，又需要“教学实践的理论性反思”①。我们认为对其他的学科教育同样也适用。

（二）与同行结成教师专业成长共同体

中小学教师在指导实习生的过程中，除了自己指导的实习生外，能更多地接触到自己的同行，可以就教育教学过程中的问题，与同行进行更多的交流。所以在这个意义上，混合式教育实习模式为中小学教师搭建了专业成长共同体的平台，有利于中小学教师之间的相互学习。

---

① 郑毓信．新数学教育哲学［M］．上海：华东师范大学出版社，2015.

（三）在指导实习中促进自身专业成长

中小学教师在混合式教育实习模式中指导实习生，比以往现场直接口头指导提出了更高的要求，需要将自己的经验、做法、体会进一步提炼，进一步梳理，变成书面的指导材料或视频、音频材料。在该模式实施中，中小学教师一方面是指导了实习生的实习，为实习生提供了帮助。另一方面，也是对自身教学的反思，在反思中促成了自身较好的专业成长。

第三节 师范大学及实习基地的收获

一、混合式教育实习模式受到师范教育同行高度关注

（一）促进同行交流，受到师范教育同仁好评

混合式教育实习模式的主体内容以“华南师范大学依托‘大学生实习工作坊’创新线上线下相结合的混合式实习模式”为题，在全国高校现代远程教育协助组组织的“2017 年中国高校远程与继续教育优秀案例库评选活动”中获得优秀案例奖，受到远程教育同行的推介。

在 2018 年第十五届全国师范大学联席会议上，本模式作为“四年与四十年：华南师范大学教师教育成果展”一个重要内容展出，受到参会的 49 所全国师范大学校领导、教育部领导、广东省教育厅领导的高度赞赏；此外，本模式内容还入选《华南师范大学师范生培养成果汇编》，得到校内外师生认可，并受到教育部师范认证专家组的好评。

兄弟师范院校也慕名前来参观学习取经，如北京师范大学、安徽师范大学、福建师范大学、江苏师范大学、广东第二师范学院等高校前来学习交流。

（二）以实习为入口，撬动实践培养整体改革

华南师范大学以混合式教育实习模式为切入点，推动师范生教育实践能力培养的整体改革，将师范生教育教学技能训练、教育实践能力锻炼整体考虑，将师范生课内培养、课外训练统筹设计。即，将师范生实践素养养成四年统一起来，纳入“华南师范大学师范生实践研习方案”（实践研习方案详见附录3）中，以项目形式，以小时为计量单位（其他课程以“学分”为计

量单位），每个师范生必须修读40“小时”的实践研习课程方可毕业。

同时，我们正在将该模式依托的“实习工作坊”升级为2.0版的“师生互动学习坊”，实施师范生全员全程双导师制，聘任协同发展联盟学校的优秀教师担任本科生兼职导师（本科生兼职导师实施办法见附录4）。“师生互动学习坊”将为全校师范生四年一体的实践研习以及教育实习提供一个整体共享的平台，在强化师范技能、教育实践指导的同时，也将打造为师范生以及大、中、小学教师的信息化学习成长空间。

二、混合式教育实习模式受到相关实习基地学校欢迎

（一）促进实习基地学校在职教师的专业发展

通过担任实习工作坊副坊主，担任兼职本科生导师，让教育实践进一步与教育理论沟通融合，让教学风格进一步凝练，让教学特色进一步彰显，促进在职中小学教师更快更好地成长，不少教师成长为高级教师、正高级教师、特级教师。实习基地学校的教师也争先与华南师范大学合作，在指导师范生成长的同时，也实现了自身的专业成长。

（二）促进师范大学与实习基地学校协同发展

以混合式教育实习模式为抓手，华南师范大学建设了一批高水平的实习基地学校，组建为“华南师大—中小学”协同发展联盟，授予协同发展联盟学校“卓越教师协同培养基地”牌匾。加盟的学校为广东省的珠三角、粤东、粤西、粤北地区等国家级示范性高中为主，以及省一级学校和当地著名的中小学。协同发展联盟以任务为驱动，实现师范大学与中小学校的协同发展。

协同发展联盟逐渐成为华南师范大学的一个战略品牌，对协同发展联盟学校办学水平和教师发展有较大的促进，吸引了众多优质学校主动要求加盟。截至2019年12月，协同发展联盟数量已经从第一期建设的120所，增加到第二期建设的154所（见附录5），而且协同发展联盟学校加盟的积极性和主动性都大大地加强。

第四节　模式的应用与推广

一、混合式教育实习模式获评教学成果及优秀案例

（一）获得华南师范大学教学成果一等奖

以混合式教育实习模式为主题，以教务处为牵头单位，以“‘互联网+工作坊’视域下混合式教育实习模式的构建与实践”成果名称，获得了2019年第十届华南师范大学教学成果奖一等奖（全校第3名），主要完成人为：彭上观、林天伦、赵艺、刘喆、林南晖等。

成果以突出的三个创新之处，赢得专家的好评：

一是模式新，依托“互联网+”技术，构建“五结合”实习指导新模式。

在国内首次提出并实践混合式教育实习新模式，为师范院校提高教育实习质量提供了可复制的样例。基于“互联网+”教育实习工作坊，建成“线上与线下相结合、集中研讨与分散实习相结合、大学教师与中小学教师相结合、教师引领与同伴互助相结合、预设指导与问题驱动相结合”的“五结合”实习指导新模式，解决了以往混合编队实习中专业教师指导不足的问题，构建了一种新的实习模式：混合式教育实习，切实提升了教育实习的质量和水平，从而促进教育实习从“混合编队实习”走向“混合式实习”的新阶段，为兄弟院校提供范例。

二是机制新，通过工作坊机制，建立教师专业成长共同体。

通过工作坊，凝聚了大学学科教育的专家教授、重点中小学的名师、师范生——未来的教师等三方面的力量，就教育、教学的实践问题进行深入的交流，能促进大学教师、中小学教师、师范生互动学习，共同成长，成为三方实践学习、提高的便捷平台和学习的精神家园。

三是平台新，建构创生资源平台，汇聚优秀的教学资源。

通过工作坊，师生在指导与互动的过程中产生的一些好想法、好做法，以及在此过程中形成的各种文档、图片、视频材料等，为师范生培养、为新教师的专业成长提供了鲜活、真实、有效的素材资源。进一步，还可整合优秀校友、特级教师、正高级教师、年轻骨干教师、师范生等各类竞赛获奖选手视频、优秀实习生授课视频、优秀教学设计等资源，这些都是实习生、新教师学习的好素材、活榜样。

（二）获得“中国远程与继续教育优秀案例库评选活动”优秀案例

以混合式教育实习模式中的实习工作坊，整合非师范生的实习工作坊，以学校网络教育学院为牵头申报单位，成功获得“2017 中国远程与继续教育优秀案例库评选活动”优秀案例，得到全国远程教育同行的认可。

二、混合式教育实习模式获得省级课题立项资助

随着混合式教育实习模式的不断实施，研究也跟着深入推进。该模式的研究被立项为广东省本科高校高等教育教学研究和改革项目以及广东省教育科学规划课题，促进模式研究的进一步深入和完善，其应用范围和推广效果将得到进一步的扩大。

三、混合式教育实习模式获得教育部领导认可和媒体推介

（一）模式应用内容向教育部长现场汇报

该模式的部分成果，在教育部陈宝生部长 2016 年视察华南师范大学时，现场向其展示实习工作的微视频，介绍了华南师范大学实习工作坊的创新做法，得到陈部长的认可和赞扬。①

教育部部长陈宝生到华南师大调研（新闻摘录）

许晓艺介绍了我校推出的大学生实习工作坊创新项目，该项目是我校在全国首次推出的，依托网络工作坊平台构建真实场景与虚拟场景，线上指导与线下指导相结合，为大学生提供实时指导和帮助。现场还播放了师范生和非师范生实习工作坊的微课视频。

……

---

① 详见华南师范大学新闻网报道，具体链接网址：http://news. scnu. edu. cn/11775.

图 5－1　2016 年教育部部长陈宝生视察华南师范大学

（二）模式应用在搜狐等主流媒体推介

该模式的成果应用，被搜狐等主流媒体①，以及中教全媒体官方网站专版加以推介。② 推介的题目为“华南师范大学依托‘大学生实习工作坊’创新线上线下相结合的混合式实习模式”，具体介绍了包括师范生实习工作坊和非师范生专业实习工作坊在内的“大学生实习工作坊”，从模式的技术创新、模式创新，到工作坊的具体举措，作了介绍。

介绍的具体内容如下：

华南师范大学依托“大学生实习工作坊”创新线上线下相结合的混合式实习模式

摘要　本案例将移动学习技术与基础教育改革相结合，通过研发“手机教师网”“手机和 iPad 移动录课系统”“教师工作坊”“乡村教师课堂教学远程诊断平台”等网络平台，依托手机直播、微信传播等实时交互的手段，开

① 搜狐网，网址链接：http://www.sohu.com/a/215696187_414933. 文字由华南师范大学网络教育学院提供。

② 中教全媒体官方网站，链接网址：http://www.cedumedia.com/i/15421.html。

展跨校校本研修、城乡协同教学（双师教学）、教育对口帮扶、校园文化传播等活动，实现技术与教学、东部与西部、大学与中小学、城镇与乡村学校教育的深度融合。

案例亮点

1. 技术创新

自主研发移动录课系统，该系统基于移动设备应用进行微课制作，教师可自主地在任何地方通过移动设备录制教学视频并上传至平台。自主研发手机直播技术，实现“1手机+1网络”（4G或Wi－Fi）即可进行手机直播。

2. 模式创新

利用移动学习技术，创新了基于网络的“教师工作坊”研修模式；利用手机教师网，通过城乡协同教学、协同教研，实现优质教学资源共享，促进教育均衡发展；应用移动学习技术，形成了信息技术环境下县域义务教育均衡发展整体解决方案。

案例主要内容

为发挥网络技术在人才培养中的优势，深化高等教育综合改革，华南师范大学依托“大学生实习工作坊”，构建大学教师、中小学名师/行业专家、实习大学生三方交互平台，构建真实场景与虚拟场景相结合、同步指导与异步指导相结合、线下指导与线上指导相结合的混合式教育实习指导模式，强化大学生实习管理与指导，促进师生协同发展，提高大学生培养质量。

1. 搭建“大学生实习工作坊”平台

依托华南师范大学网络教育学院技术力量，构建“大学生实习工作坊”平台，通过分学科、分专业、分类型组建实习工作坊，形成“名师引领、实习生互助、线上线下相结合”的大学生实习与专业发展新模式。目前，一共建立了36个大学生实习工作坊（师范生实习工作坊26个，非师范生专业实习工作坊10个），涉及16个专业，2 000余名实习大学生。

2. 创新大学生双师型培训模式

依托“大学生实习工作坊”，通过引进行业专家、中小学名师、大学教师和实习指导教师作为实习工作坊坊主，形成“多人行”线上远程实习指导团队，通过平台发布线上线下实习任务和活动，组织线上研讨和回复提问，在线审阅实习视频、文档等方式对大学生实习过程进行监控和指导。每个工作坊按照1∶20的比例为实习大学生配备指导教师，使每个实习大学生得到精准辅导。目前已经有200余名行业专家、中小学名师、中小学实习指导教师、大学教师进驻工作坊成为坊主。

3. 新技术呈现实习真实场景

利用移动学习技术和微课制作技术全方位呈现大学生的课堂教学、产品设计、实训流程等真实的实习实训活动场景。实习大学生通过制作和上传实习微视频，一方面立体化地展示和分享了自己实习的成果并得到教师和同学的指导反馈，另一方面也提升了自己的信息技术应用能力。目前，平台实习大学生上传教学实录、实训实录微视频达800余个，上传教学设计方案、产品设计方案、实习计划总结等各类文档达3 200余个。这些视频文档都将进入大学生的个人成长档案，为大学生以后的毕业就业提供依据。

4. 形成大学生线上实习共同体

通过大学生实习工作坊，构建线上实习共同体，形成学生自主、同学互助的学习方式。同一专业不同实习地实习的大学生，不同专业的大学生，都可以通过工作坊的形式聚合在一起，形成线上实习共同体。通过线上研讨、同课异构、实习工作内容介绍等方面提高大学生的专业水平，扩大大学生的专业视野，使大学生"学得好、下得去、用得上"。比如语文学科工作坊的实习师范生，有的在偏远山区实习，有的在发达城市实习，通过线上实习工作坊在教师的指导下进行同课异构，观摩彼此的教案、微课等，互相学习和了解在不同教学环境下上课的方式方法，确实提高师范生的教育教学能力。

5. 促进优质实习资源供给共享和迭代

依托"大学生实习工作坊"，产生大量的实习生成性资源，通过指导教师推优、学生评选的方式产生优质的实习资源，提供给下一届的实习生共享或用于教师日程教学中。同时每年实习过程中产生的优质资源可以迭代更新，与时俱进，形成优质循环上升的专业化实习资源库。"大学生实习工作坊"经过一年的探索，有效地解决了实习过程无法监控，没办法进行过程指导的问题，确实提高了大学生的实习效果，同时也产生了大量的实习生成性资源，效果显著。

（华南师范大学网络教育学院供稿）

第六章　混合式教育实习模式的讨论与展望

第一节　混合式教育实习模式的创新

一、构建了“五结合”教育实习指导新模式

混合式教育实习模式创新了“五结合”教育实习指导模式。既有教师成体系有组织的引领，也有根据学生实习过程中的生成性问题驱动，能针对性及时解决实习过程中的各类疑惑，解决了以往混合编队实习中专业教师指导不足的问题，切实提升了教育实习的质量，从而促使教育实习从“混合编队实习模式”走向“混合式实习模式”的新阶段。同时，这也是落实教育部提倡的“全面落实高校教师与优秀中小学教师共同指导教育实践的‘双导师制’，为师范生提供全方位、及时有效的实践指导”[①] 重要创新实践。“五结合”教育实习指导新模式，系统设计实习指导内容，规划实习全过程的实施方法与策略，为高师院校师范生教育实习指导提供了一个可以复制的范例。

二、构建了大学教师、中小学教师、实习生协同发展共同体

通过“互联网+”工作坊平台，构建了大学教师、中小学教师、实习生三位一体的学习共同体[②]，就教育、教学的实践问题进行深入交流和探讨，

---

① 教育部. 教育部关于实施卓越教师培养计划2.0的意见（教师〔2018〕13号）[EB/OL].(2018-10-10). http://www.moe.gov.cn/srcsite/A10/s7011/201810/t20181010_350998.html.

② 钟志贤. 知识建构、学习共同体与互动概念的理解[J]. 电化教育研究，2005(11)：20-24，29.

能促进相关各方的互动学习和协同发展：一方面，大学教师对中小学教育教学有更深入的了解，进而有助于自身专业素养的提升；另一方面，中小学教师在指导实习生的过程中，也是对自身教育教学风格和特色的进一步锤炼。与此同时，实习生在双导师（大学教师、中小学教师）的指引下，成长周期在一定程度上得到了缩短。

三、构建了创生性资源平台，汇聚优秀实践教学资源

在混合式教育实习新模式中，指导教师与实习生的互动过程中产生的好做法、好想法，以及在此过程中形成的各种视频、图片、文档、教案、PPT等资源，都会汇聚在工作坊平台上，可以成为师范生培养、新教师培训的鲜活、真实、有效的素材。进一步，还可以将优秀校友、特级教师、正高级教师、年轻骨干教师、各级竞赛获奖的师范生等各类优秀代表的授课视频、教学设计、教案、课件等资源，汇聚整合到工作坊平台中，为实习生、新教师提供学习的榜样，树立学习的标杆。而且这样的资源，是创生性的，是随着时间的推移不断地丰富和完善的。

四、构建了师范生专业成长空间，记录学习成长轨迹

通过工作坊的统一平台，生动真实地记录了师范生成长的轨迹，构建了师范生的信息化个人成长空间。这为实习生回顾、反思教育教学实践提供了鲜活真实的材料，加速了实习生的成长，也为师范生相互之间学习借鉴及取长补短提供了平台支撑，更是为未来的学弟学妹们提供了丰富的可亲可学的示范蓝本，更好地达成“朋辈教育”，促进师范素养的养成。

第二节　混合式教育实习模式的展望

一、混合式教育实习模式面临的挑战

（一）对教师提出新要求

1. 首次使用需要投入一定时间和精力

如何整体设计工作坊指导任务，如何针对实习生的问题，设计专题，以

及应对实习生可能提出的各种问题，都需要投入一定的时间和精力。但这种积累，对后续工作的开展会打下良好的基础，以后只需要在此基础上，持续改进和优化。所以，前期需要帮助指导教师提高认识，克服畏难情绪。部分老师以为混合式教育实习需要耗时耗力，事实上，如果工作坊任务设计好，坊主、副坊主队伍搭配好，分工合作，有分有合，劲往一处使，组织混合式教育实习指导是可以顺利完成的。

2. 需要对生成性资源持续整理和加工

在指导实习生的过程中，对实习生提出的典型问题需要整理，通过专题辅导或者在线研讨的方式给实习生加以解决。遇到典型的案例，需要归类整理，用作指导资源。这表面上是增加了工作量，实际上，也是指导教师指导经验累积的过程，同时还是提升自身专业发展的有效途径。

3. 需要指导教师具备基本的信息素养

对混合式教育实习模式，毕竟需要使用到一定的信息技术，需要指导教师在观念上、基本信息素养上，能跟上时代的步伐，善于接触新事物，敢于迈出线上线下混合式教育的第一步。这是从“0”到“1”到巨大变化，这是观念的转变，是最重要的，也是最艰难的。

（二）对学生提出新期待

1. 主动适应线上线下混合式学习新形势

混合式学习，未来是一个不可阻挡的趋势，甚至混合式学习会成为一种新常态。不管我们喜欢，抑或不喜欢，线上线下混合式的学习方式将会融入我们的学习。与其被动被人牵着鼻子走，不如主动适应，走在前面。

曾经有实习生认为，混合式教育实习给他们增加了工作量，本来他们去实习，事情就很多，很多东西也不熟悉，还得额外增加混合式实习指导的内容，让他们吃不消，甚至有抗拒的情绪。其实，这是一个误解，混合式教育实习模式，目的就是弥补传统混合编队实习模式中实习指导不足而提出来的，是要强化实习的指导，提升实习的质量。既然要提升实习的质量，在实习中的付出是必要的，也是值得的。幻想不劳而获、轻轻松松就能提升教育实践能力，是不现实的。

2. 在实践中提升信息素养以及实践能力

现代社会是一个信息社会，信息素养是学生终身学习的基本素养。而教育实践能力是师范生未来专业发展道路上的看家本领。混合式教育实习模式，正是借助“互联网+”信息技术的手段，助力师范生教育实践能力提升的重要举措，实习生需要借助这样的平台和契机，一方面有效地完成教育实习任务，另一方面也在提升自身的信息素养。实习生应该抓住并好好利用这样一举两得的好机会。

（三）对学校提出新保障

1. 教务管理部门需要做好方案计划和应急预案

混合式教育实习模式是一个系统工程。由于涉及师范大学的指导教师、实习生、网络技术保障人员、教育实习管理协调人员，以及实习基地学校的指导教师、教学管理人员、中小学生等，涉及线上线下的统筹安排。因此，该模式的实施，对师范大学教务管理部门提出了新的保障要求，需要统筹考虑各方面的需求，沟通协调相关方面的关系。所以，师范大学教务管理部门需要牵头做好模式实施的方案计划，并制订相关的应急预案，对相应的突发事件及时妥善解决。

2. 技术支撑部门需要做好常规和应急技术保障

由于混合式教育实习模式需要涉及互联网、信息技术的使用，然而，并非每个师生在这方面都比较熟练，特别是线上的部分，如果技术保障不到位，问题解决不及时，线上的指导交流就变为空谈。因此，学校的技术支撑部门要提供得力、细致、周到的技术保障服务，才能让混合式教育实习模式顺利实施。

从近几年的实践来看，主要是做好两方面的技术保障：一是常规的技术保障，即在事前提供足够清晰的指引，事中有及时的排忧解难，可以通过平台，也可以借助聊天工具（如微信群、QQ 群等），让师生只需要安心做好教与学的事情，无须担心技术的障碍。二是应急技术保障，就是遇到网络或者其他突发的事情，需要提供应急解决，或者提供替代的方案，保障师生的后顾之忧。

二、混合式教育实习模式的应用展望

（一）混合式教育实习模式有望成为主流

教育实习是所有师范生培养的必备环节。混合式教育实习模式，以“互联网+”工作坊为技术支撑平台，通过教育实习远程指导工作坊，建成线上与线下相结合、大学老师指导与中小学老师指导相结合、教师引领与同伴互助相结合、预设指导与问题驱动相结合的新的指导模式，以其便捷、高效、有效的效果赢得师生的欢迎，切实提升教育实习的质量和水平，从而促进教育实习从混合编队实习走向混合式实习的新阶段。

（二）混合式教育实习促进教师协同发展

1. 探索师生协同成长的学习共同体

通过工作坊，凝聚了大学学科教育的专家教授、重点中小学的名师、师范生——未来的教师等三方面的力量，就教育、教学的实践问题进行深入的交流，能促进大学教师、中小学教师、师范生专业成长，成为三方实践学习、提高的便捷平台和学习的精神家园，探索教师协同成长的学习共同体。

2. 促进教师教育职前职后一体发展

通过实习工作坊，大学教师对中小学有进一步的了解，提升了自身的专业素养；中小学教师在指导实习生的过程中，对自身教学的凝练和提升。实习生在双导师（大学教师、中小学教师）的指引下，得到更好更快的成长。所以，从这个意义上看，混合式教育实习模式促进了教师职前职后的一体化发展，包含大学老师、中小学老师、准教师（师范实习生）。

（三）实习工作坊将成为师生学习好帮手

1. 工作坊成为学习的好工具

工作坊平台以其便捷的使用方式，强大的教学功能，逐步成为师生们交流的助手、研讨的平台，是师生专业成长的助推器。

2. 工作坊成为优质的资源库

工作坊平台的建立，师生在指导与互动的过程中产生的好想法、好做法，以及在此过程中形成的各种文档、图片、视频、音频等资源，为师范生培养、为新教师的专业成长提供了鲜活、真实、有效的素材。进一步，还可以将优秀校友、特级教师、正高级教师、年轻骨干教师、各类师范生竞赛获奖选手视频、优秀实习生授课视频、优秀教学设计等资源汇聚整合到工作坊平台中，为实习生、新教师提供学习的榜样，树立学习的标杆。

3. 工作坊成为师生成长空间

通过工作坊的统一平台，生动真实地记录了师生成长的轨迹，构建了师生成长的信息化空间。为师生回顾、反思教学提供了鲜活真实的材料，促进了教师与实习生的“教学相长”，构建了师生一体的专业成长的空间。

随着《中共中央　国务院关于全面深化新时代教师队伍建设改革的意见》、教育部等五部门《教师教育振兴行动计划（2018—2022 年）》《普通高等学校师范类专业认证实施办法（暂行）》《教育部关于实施卓越教师培养计划 2.0 的意见》等重要文件的颁布实施，教师教育的改革也正如火如荼地开展，“互联网 +”对教育的影响方兴未艾。但我们必须清醒地认识到，

“师范生教育实践依然是教师培养的薄弱环节，师范毕业生的教育教学能力尚不能完全适应中小学的需要”①。“路漫漫其修远兮”，如何更加有效地提升教育实习效果、提高师范生的培养质量，是师范培养永恒的话题。

期待更多的同行关注师范生教育实践能力的培养，特别是在“互联网+”“人工智能”已正在深刻影响着教育的新时代，如何有效地吸纳新理念、应用新技术、探索新路径，不断开拓进取，深入推进改革，持续提升师范生培养质量，造就更多卓越的“四有”好教师，需要你我同行。

---

①　教育部关于加强师范生教育实践的意见（教师〔2016〕2号）[EB/OL].(2016-03-21).http://www.moe.gov.cn/srcsite/A10/s7011/201604/t20160407_237042.html.

附　录

第一节　文件与方案

★建设工作方案

关于印发《华南师范大学师范生教育实习远程指导工作坊建设方案》的通知①

教学〔2016〕32号

各有关学院：

现将《华南师范大学师范生教育实习远程指导工作坊建设方案》印发给你们，请遵照执行。

华南师范大学教务处
2016年5月27日

华南师范大学师范生教育实习远程指导工作坊建设方案

为发挥网络技术在人才培养中的优势，深化教师教育综合改革，构建大学教师、中小学教师、师范实习学生三方交互平台，强化师范生教育实习管理与指导，促进师生协同发展，特制定此方案。

一、工作坊目标

以强化教育实习管理和指导、提升培养质量为宗旨，以校内外名师为依托，以“互联网+”为载体，以教育实习远程指导工作坊为抓手，构建真实

① 此为华南师范大学教务处文件（教学〔2016〕32号），起草人：彭上观。

场景与虚拟场景相结合、同步指导与异步指导相结合、线下指导与线上指导相结合的混合式教育实习指导模式，促进师生共同成长。

二、工作坊任务

工作坊遵循坊主引领、学生自主、同伴互助、师生联动的原则运行，通过在线答疑、点评、专题辅导等形式对师范生开展教育教学教研指导，以提高他们课堂教学、班级管理、心理辅导、多媒体技术应用、教育研究等方面能力，实现培养质量的整体提升。

（一）实习管理工作坊

实习带队教师为坊主，实习队长为助手。以一个实习学校为一个实习队，每2～4个实习队成立一个工作坊。

实习管理工作坊主要通过网络技术加强对实习学生管理、促进实习资源共享，基本任务包括（“3个一”）：

（1）每周组织至少一次团队在线交流。

（2）每周审阅每个实习队周记一篇。

（3）整理、汇编指导资源。

（二）课堂教学指导工作坊

以学科教学法教师为坊主、中小学教学名师为副坊主。分专业进坊，每专业40～100个实习学生组成一个工作坊。

课堂教学工作坊主要为实习学生在课堂教学过程中遇到的问题提供指导，基本任务包括（“4个一”）：

（1）每周组织至少一次学科教学在线交流活动。

（2）每两周给实习学生安排一个辅导专题。

（3）为每个实习学生点评一个课堂教学视频。

（4）整理、汇编指导资源。

（三）班级管理工作坊

以“教育学”或“心理学”任课教师为坊主、中小学优秀班主任为副坊主，逐步组建普通高中、初中、小学、幼儿园、特殊学校、中等职业学校等6个班级管理工作坊。

班级管理工作坊主要为实习学生在班级管理过程中遇到的问题提供指导，基本任务包括（“3个一”）：

（1）每周组织至少一次在线交流活动。

（2）每两周给实习学生安排一个辅导专题。

（3）为每个实习学生点评一次主题班会。

（4）整理、汇编指导资源。

（四）心理辅导工作坊

以心理学院相关教师为坊主、中小学优秀心理辅导教师为副坊主，逐步组建普通高中、初中、小学、幼儿园、特殊学校、中等职业学校等6个心理咨询工作坊。

心理辅导工作坊主要为实习学生在学科教学或班级管理过程中应对心理有问题的学生提供指导，基本任务包括：

（1）每周组织至少一次在线交流活动。

（2）每两周给实习学生安排一个辅导专题。

（3）整理、汇编指导资源。

（五）多媒体技术工作坊

以教育信息技术学院、计算机学院相关教师为坊主、中小学优秀教师为副坊主。

多媒体技术工作坊主要为实习学生在学科教学过程中遇到的多媒体技术应用问题提供指导，基本任务包括：

（1）每周组织至少一次在线交流活动。

（2）每两周给实习学生安排一个辅导专题。

（3）整理、汇编指导资源。

（六）教育科研工作坊

以教育科学学院、教育信息技术学院相关教师为坊主，中小学优秀教师为副坊主。

教育科研工作坊主要为实习学生在开展教育教学研究过程中遇到的问题提供指导，基本任务包括：

（1）每周组织至少一次在线交流活动。

（2）每两周给实习学生安排一个辅导专题。

（3）整理、汇编指导资源。

三、工作坊建设原则、步骤及保障

（一）建设原则与分工

工作坊建设遵循教务处统筹、相关学院组织、网络教育学院或教师发展中心参与、坊主负责原则运行。教务处负责建设方案制订、相关制度建设、坊主遴选、经费发放、过程服务与考核等；学院负责坊主的初审、推荐等；网络教育学院或教师发展中心负责相关平台建设、运行维护等；坊主负责选聘副坊主、组织开展指导、落实工作坊相关任务，及时提供各种范例，纠正存在问题，引领师范生更好地成长。

（二）建设步骤

2016年试点，2017年推广应用到全校师范生教育实习。

（1）2016年5月底完善相关平台建设。

（2）2016年6月中旬完成相关坊主遴选。

（3）2016年6月下旬培训相关坊主、试行并完善相关制度建设。

（4）2016年9月正式运行。

（5）2016年11月至2017年4月修改完善。

（6）2017年5月起推广应用全校师范生教育实习。

（三）经费保障

工作坊设立专项经费。参与工作坊指导的教师，由教务处发放指导费。

★试点工作方案

关于开展师范生教育实习远程指导工作坊试点工作的通知①

教学〔2016〕34号

各有关学院：

根据《华南师范大学师范生教育实习远程指导工作坊建设方案》，今年我校开展师范生教育实习远程指导工作坊试点工作。现将有关事项通知如下：

一、工作坊类型及任务

设立课堂教学指导工作坊、班级管理指导工作坊和综合指导工作坊。课堂教学指导工作坊围绕备课、上课、辅导、批改、考试、评价、说课、观课、评课等主题开展指导；班级管理工作坊围绕班干部选拔与培养、班级文化建设、主题班会组织、学生转化、学生心理辅导、综合性实践活动开展等主题开展指导；综合指导工作坊围绕信息技术与教学的融合、教育调查、文体活动开展等主题开展指导。

（一）课堂教学指导工作坊基本任务

（1）每周组织至少一次学科教学在线交流活动。

（2）每两周给实习学生安排一个辅导专题。

（3）为每个实习学生点评一个课堂教学视频。

（4）整理、汇编指导资源。

① 此为华南师范大学教务处文件（教学〔2016〕34号），起草人：彭上观。

（二）班级管理指导工作坊基本任务

（1）每周组织至少一次在线交流活动。

（2）每两周给实习学生安排一个辅导专题。

（3）为至少10个实习学生各点评一次主题班会视频。

（4）整理、汇编指导资源。

（三）综合指导工作坊基本任务

（1）每周组织至少一次在线交流活动。

（2）每两周给实习学生安排一个辅导专题。

（3）整理、汇编指导资源。

二、工作坊组织结构与坊主遴选

（一）工作坊组织结构

课堂教学指导工作坊分专业设坊，每个专业可设若干工作坊，每个工作坊由1名坊主、若干名副坊主（副坊主按20：1生师比配备）、40～100名实习学生组成。坊主由本校教学法教师担任，副坊主从“华南师大—中小学”协同发展联盟成员学校教师中产生，其中每个工作坊至少有1名副坊主由中小学特级教师或正高级教师担任，其他副坊主从指导教师中产生，副坊主由坊主选聘。

班级管理指导工作坊设坊主1名，副坊主6名，坊主由任教“教育学”或“心理学”课程的教师担任，副坊主从“华南师大—中小学”协同发展联盟成员学校中获得省级以上优秀班主任或优秀教师称号的现任班主任中产生，副坊主由坊主选聘。

综合指导工作坊设坊主1名，副坊主3名，坊主从教育科学学院、心理学院、体育科学学院、音乐学院相关教师中产生，副坊主从“华南师大—中小学”协同发展联盟成员学校中获得中级职称以上的现任教师中产生，副坊主由坊主选聘。

（二）坊主遴选

（1）基本条件。

工作热情高、责任心强，教学经验丰富，有一定的信息技术应用基础，熟悉基础教育，中级职称以上。

（2）遴选程序。

符合条件的教师由其个人向所在学院提出申请，学院初审后向教务处推荐，教务处组织相关专家对候选人进行遴选。

三、工作坊保障

（一）坊主培训

拟于6月下旬对工作坊正、副坊主进行培训。培训合格者方可上岗。

（二）指导报酬

工作坊正、副坊主由教务处以“基本津贴+绩效奖励”方式发放指导费。每个正、副坊主“基本津贴”为3 000元/学年度；“绩效奖励”设三个等级，根据正、副坊主工作绩效予以奖励。

（三）工作要求与激励

（1）各坊主在试点结束后3周内提交一份3 000字以上的指导报告。教务处组织专家对报告进行评审，奖励优秀报告，并支付优秀报告在核心刊物上发表所需版面费。

（2）各坊主应对指导过程产生的资源进行整合、汇编成教材，教务处资助出版。

四、申报表提交

有意向成为坊主的教师，填写申报表1份并于6月10日前递交所在学院进行初审，各学院6月15日前汇总提交教务处，电子版发送到邮箱：hsjwc@163.com，纸质版送到石牌校区办公楼313室。联系人：彭老师，联系电话：85211335。

附件：工作坊坊主申请表（略）

华南师范大学教务处
2016年5月27日

★全面实施方案

关于做好师范生教育实习远程指导工作坊相关工作的通知[①]

教学〔2018〕49号

各有关学院：

理论与实践及时有机融合是提升实习有效性的重要保障。为此，在师范生教育实习期间实行双导师制，既有实践导师现场指导，又有大学教师组成的工作坊团队开展的网上远程指导。根据《华南师范大学师范生教育实习远

① 此为华南师范大学教务处文件（教学〔2018〕49号），起草人：彭上观。

程指导工作坊建设方案》，现将今年教育实习远程指导工作坊的有关事项通知如下：

一、工作坊实施时间

工作坊实施时间为9周，即2018年9月3日至11月4日。

二、工作坊相关专业

参加2个月混合编队实习和4个月的顶岗实习的语文、数学、英语、物理、化学、生物、政治、历史、地理、教育信息技术、计算机、美术、音乐等专业。

学院统编实习队暂不实行工作坊指导。

三、工作坊类型及任务

设立课堂教学指导工作坊、班级管理指导工作坊和综合指导工作坊。课堂教学指导工作坊围绕备课、上课、辅导、批改、考试、评价、说课、观课、评课等主题开展指导；班级管理工作坊围绕班干部选拔与培养、班级文化建设、主题班会组织、学生转化、学生心理辅导、综合性实践活动开展等主题开展指导；综合指导工作坊围绕信息技术与教学的融合、教育调查、文体活动开展等主题开展指导。

（一）课堂教学指导工作坊基本任务

（1）每周组织至少一次学科教学在线交流活动。

（2）每两周给实习学生安排一个辅导专题。

（3）为每个实习学生点评一个课堂教学视频。

（4）查阅实习生每周提交的教学实习周记，根据实习学生表现动态调整指导内容和指导策略。

（5）整理、汇编指导资源。

（二）班级管理指导工作坊基本任务

（1）每周组织至少一次在线交流活动。

（2）每两周给实习学生安排一个辅导专题。

（3）为至少十名实习学生各点评一次主题班会视频。

（4）整理、汇编指导资源。

（三）综合指导工作坊基本任务

（1）每周组织至少一次在线交流活动。

（2）每两周给实习学生安排一个辅导专题。

（3）整理、汇编指导资源。

四、工作坊组织结构与坊主推荐

（一）工作坊组织结构

课堂教学指导工作坊分专业设坊，每个专业设若干工作坊，每个工作坊由1名坊主、若干名副坊主（副坊主按20：1生师比配备）、40名左右的实习学生组成。坊主由本校教学法教师或学科教师担任，副坊主从“华南师大—普通中小学”协同发展联盟成员学校教师中产生，副坊主由坊主选聘。

班级管理指导工作坊设坊主1名，副坊主6名，坊主由任教“教育学”或“心理学”课程的教师担任，副坊主从“华南师大—普通中小学”协同发展联盟成员学校中获得省级以上优秀班主任或优秀教师称号的现任班主任中产生，副坊主由坊主选聘。

综合指导工作坊设坊主1名，副坊主3名，坊主从教育科学学院、心理学院、体育科学学院、音乐学院相关教师中产生，副坊主从“华南师大—普通中小学”协同发展联盟成员学校中获得中级职称以上的现任教师中产生，副坊主由坊主选聘。

（二）坊主推荐

（1）基本条件。

工作热情高、责任心强，教学经验丰富，有一定的信息技术应用基础，熟悉基础教育，中级职称以上。

（2）推荐要求。

工作坊的坊主原则上由常规实习混合编队和顶岗实习的带队老师兼任，即带队老师在指导、协调所带实习队伍的基础上兼任相关学科的课堂教学指导工作坊的坊主。副坊主由坊主根据本专业学生人数按每20名学生推荐1名副坊主的比例推荐副坊主。

五、工作坊保障

（一）工作坊参与度纳入实习成绩评定

实习生参与工作坊的表现作为实习成绩评定的参考因素。各学院在评定学生实习成绩时应综合考虑实习生在工作坊活动中的表现。

（二）设立优秀实习生专项

优秀实习生评选名额的10%用于奖励在实习工作坊中表现优秀的实习生。

（三）设立教学实习周记优秀奖

按20%比例设立教学实习周记优秀奖，用于奖励周记撰写优秀的实习生。

（四）工作要求

（1）各坊主在学生实习结束后，分别评选出实习工作坊表现优秀的实习生以及教学实习周记撰写优秀的实习生，把名单报教务处教师教育科。

（2）各坊主在实习结束后3周内提交一份3 000字以上的指导报告。

(3) 各坊主应对指导过程产生的资源进行整合、汇编成教材，教务处资助出版。

六、相关说明

(一) 提交推荐表

请各坊主根据推荐要求，填写教育实习工作坊副坊主推荐表（附件）并于7月10日前提交教务处，电子版发送到邮箱：hsjwc@163.com，纸质版送到石牌校区办公楼209室。

另请各坊主加入华师实习带队教师QQ群（群号为335639237）。

(二) 工作坊相关操作指引

详见学校教育实习工作坊平台 http://tws.scnu.edu.cn/，师生凭一卡通号登录（账号为一卡通号，密码初始为身份证后6位）。

学生的分组原则上由学生选坊主，类似教务系统选课模式。如果学院有分组的特殊需求，可以学院为单位，分好组后发教务处邮箱 hsjwc@163.com，由教务处与网络中心统一协调。

目前系统暂处于调试阶段，具体开通时间另行通知。

登录平台的路径有两种：一是直接输入网址 http://tws.scnu.edu.cn 登录；二是华南师范大学教务处主页——教育实习网。

(三) 教务处联络方式

联系人：彭老师，邮箱：hsjwc@163.com。电话：85211335。

附件：教育实习工作坊副坊主推荐表（略）

华南师范大学教务处

2018年7月4日

第二节　工作作指引

★实习工作坊问答

教育实习远程指导工作坊问答[①]

(2019年7月5日)

为了让师生更好地了解教育实习远程指导工作坊（以下简称“工作坊”），现将相关问题，以问答的形式罗列如下，供师生参考。

① 此为砺儒实习工作坊发布的工作坊问答，起草人：彭上观。

一、认识篇

（一）为什么要实施工作坊

主要是为了逾越混合编队实习中大学专业教师深入课堂指导不足的困境，以及及时满足学生的成长需要、分享学生的实习体验。

（二）社交软件这么多，为什么还要工作坊

各类社交软件，如微信、QQ、微博等，确实极大地便于人们沟通，但其资料缺乏条理、系统，不易保存等。建立面向师范生实习指导的工作坊，其具有以下特点：

（1）系统性：师生间围绕实习的问题，有一个共同的平台。

（2）延续性：师生实习的全程得到记录，更好地反映师范生的成长轨迹。

（3）条理性：师生可分门别类地对实习的各类问题进行研讨，促进相互提高。

（4）共享性：师生可随时随地分享相互间的喜怒哀乐。

（三）已有了实习学校的教师指导，为什么还要用工作坊

（1）如果实习生已经得到很好的指导，可将好的经验与其他同学分享；与他人分享的同时，自身也会得到不同程度的提升。俗话说："穷则独善其身，达则兼济天下"。

（2）如果在实习中学生得到的指导不充分，可将自己的问题、困惑，通过工作坊与同学和指导团队沟通、交流，这些问题或困惑一定会得到很好的解决。团队合作的效果总比自己孤军作战、苦思冥想好。

（四）工作坊是什么

工作坊是一个提供给指导教师（坊主）和实习生沟通交流的平台，旨在通过平台开展专业指导，解决实习生在课堂教学、班级管理、教育调研、信息技术应用等方面的急需问题。

工作坊类似一个课室，是一个工具，具体的教学内容需要师生互动而产生，效果的好坏与师生的互动息息相关。

（五）工作坊有哪些类型

设立课堂教学指导工作坊、班级管理指导工作坊和综合指导工作坊。每个学生需加入三个坊的学习互动。

课堂教学指导工作坊围绕备课、上课、辅导、批改、考试、评价、说课、观课、评课等主题开展指导。

班级管理工作坊围绕班干部选拔与培养、班级文化建设、主题班会组织、学生转化、学生心理辅导、综合性实践活动开展等主题开展指导。

综合指导工作坊围绕信息技术与教学的融合、教育调查、文体活动开展等主题开展指导。

（六）工作坊的坊主团队由哪些教师担任

（1）课堂教学指导工作坊（分学科）：每个专业设若干工作坊，每个工作坊由1名坊主、若干名副坊主（副坊主按20∶1生师比配备）、40名左右的实习学生组成。坊主由本校教学法教师或学科教师担任，副坊主从“华南师大—中小学”协同发展联盟成员学校教师中产生，副坊主由坊主选聘。

坊主原则上由带队教师兼任，即带队指导教师具备两种身份：一是某几个实习队的带队教师，负责这些实习队的带队、组织、协调、管理工作，是以实习队为单位，不分学科；二是所在学科的课堂教学指导工作坊的坊主，聘请协同发展联盟学校的优秀教师担任副坊主，共同负责本学科的几十个学生的课堂教学实习指导工作，以学科为单位，不分实习队。

（2）班级管理指导工作坊：设坊主1名，副坊主6名，坊主由任教“教育学”或“心理学”课程的教师担任，副坊主从“华南师大—中小学”协同发展联盟成员学校中获得省级以上优秀班主任或优秀教师称号的现任班主任中产生，副坊主由坊主选聘。

（3）综合指导工作坊：设坊主1名，副坊主3名，坊主从教育科学学院、心理学院、体育科学学院、音乐学院相关教师中产生，副坊主从“华南师大—中小学”协同发展联盟成员学校中获得中级职称以上的现任教师中产生，副坊主由坊主选聘。

二、操作篇

（一）工作坊的具体任务是什么

1. 课堂教学指导工作坊基本任务（分学科）

（1）每周组织至少一次学科教学在线交流活动。

（2）每两周给实习学生安排一个辅导专题。

（3）为每个实习学生点评一个课堂教学视频。

（4）查阅实习生每周提交的教学实习周记，根据实习学生表现动态调整指导内容和指导策略。

（5）整理、汇编指导资源。

2. 班级管理指导工作坊基本任务

（1）每周组织至少一次在线交流活动。

（2）每两周给实习学生安排一个辅导专题。

（3）为至少10名实习学生各点评一次主题班会视频。

（4）整理、汇编指导资源。

3. 综合指导工作坊基本任务

(1) 每周组织至少一次在线交流活动。

(2) 每两周给实习学生安排一个辅导专题。

(3) 整理、汇编指导资源。

(二) 工作坊怎么登录

(1) 教育实习工作坊平台网址为 http://tws.scnu.edu.cn/，直接输入上述网址即可登录。

(2) 也可以登录华南师范大学教务处主页，在网页下端找到快速链接，点击“教育实习网”即可登录。

(3) 关注微信企业号“华南师范大学”，点击“实习工作坊”。

然后，师生凭一卡通账号即可登录操作的个人界面（账号为一卡通号，密码初始为身份证后6位）。

(三) 坊主和实习生是如何分组的

课堂教学指导工作坊，原则上采用实习登录平台会选择坊主的模式。即类似教务系统选课的模式，即实习生根据可选的坊主，选择其中之一，进入选定的工作坊学习。选定后，没法更改。（如学院有分组的特殊需求，按学院已分组的名单进行，这种类型无须学生手动选择工作坊）

班级管理指导工作坊、综合指导工作坊均只设一个坊，全体实习生均需加入，请各实习生根据网站指引点击选择加入。

(四) 教学实习周记有什么要求

为了增强实习生之间教学实习成果的分享，让教师通过教学实习周记了解实习生的更多更实际的需求，让实习指导更具针对性和有效性，今年增设了教学实习周记任务。以任务驱动，通过撰写教学实习周记，促进学生对每周的教学进行反思，对教学设计及实际教学进行梳理，以促进实习生的个人成长。

要求教学实习周记有感而发，可以是好的经验的总结提炼，也可以是在教学过程中感到困惑及有疑问的问题，还可以对工作坊坊主的指导工作提出建设性的建议等。题材不限，篇幅不限，杜绝抄袭。

三、保障篇

(一) 工作坊有哪些保障措施

(1) 工作坊参与度纳入实习成绩评定。实习生参与工作坊的表现作为实习成绩评定的参考因素。各学院在评定学生实习成绩时应综合考虑实习生在工作坊活动中的表现。

(2) 设立优秀实习生专项。优秀实习生评选名额的10%用于奖励在实习工作坊中表现优秀的实习生。

(3) 设立教学实习周记优秀奖。按20%比例设立教学实习周记优秀奖，用于奖励周记撰写优秀的实习生。

(二) 能用手机登录平台吗

可以。直接在手机的浏览器地址栏输入 http://tws. scnu. edu. cn/，即可登录；也可以登录华南师范大学教务处主页，在网页下端找到快速链接，点击“教育实习网”即可登录。

(三) 实习学校如不允许上课时摄像，怎么办

如果出现这种情况，可由所在实习队的带队教师与实习学校沟通，说明情况。必要时，由教务处与实习学校沟通。

如果确实因实习学校有规定不给拍的，实习生拍一些试讲的片段也可以。

(四) 录像有很特殊的要求吗

在工作坊提供的录像，仅是供教学研究用，没有特别高的要求，只需用普通的手机或者相机拍摄即可。一般主要保持充分的光线，拍摄时手不要晃动，以保证一定的观看效果。一般拍摄的录像，能反映录像的主题即可，大约时间为10分钟。

(五) 实习学校能上网吗

根据2016—2017年两年的统计数据，有97.5%的实习学校具备上网的条件。如遇到暂时无法使用电脑上网，可采取用手机登录的形式参与工作坊的相关文字性的活动。视频上传等到有电脑上网条件时再上传。

(六) 平台什么时候能开通呢

目前平台正在调试中，预计在暑假前期开通。我们将通过教务处主页、实习工作坊平台、带队教师QQ群（群号335639237）（带队教师转给学生）等通知实习学生。

(七) 暑假要做哪些准备呢

(1) 暑假所有师生应登录平台，熟悉平台相关操作。

(2) 教师暑假时应上传一些对实习生有价值的参考材料，如文档、视频等资料。实习生登录平台，就能看到自己喜欢的东西。

(3) 坊主统筹规划工作坊指导的9周的计划安排，预设与生成相结合。

(4) 坊主与副坊主密切互动，有分工，有合作，形成合力，共同做好指导工作。

(5) 今年新增了实习生教学实习周记，教师可以通过查阅学生周记，动态掌握和了解实习生的需求，动态调整实习的指导内容和指导策略。

教务处

2019年7月5日

★工作坊登录指引①

“砺儒教育实习远程指导工作坊”操作指引（教师版，201907）

一、登录“砺儒实习工作坊”

为体验更流畅的平台，请使用谷歌浏览器、火狐浏览器、360 浏览器（极速模式）、MicrosoftEdge 或 Safari 浏览器登录平台。

（一）电脑网页

在浏览器地址栏中输入 http://tws.scnu.edu.cn，即可进入砺儒教育工作坊首页。点击首页右上角登录按钮，在新页面中选择“统一身份认证”方式登录，在新页面中输入校园网账号和密码。校园网账号为一卡通号，初始密码为身份证后 6 位。

附图 1　工作坊界面

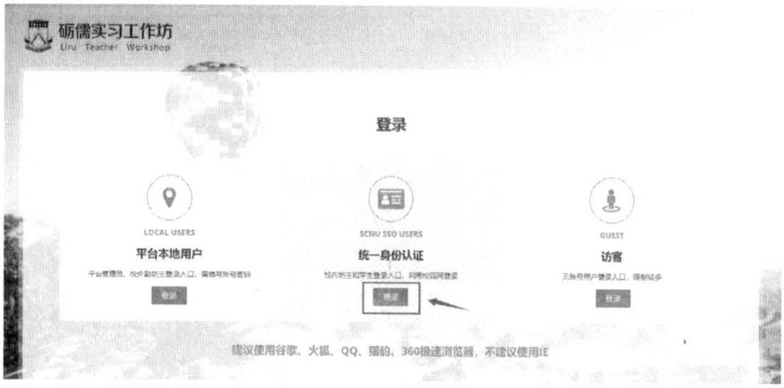

附图 2　登录界面

登录培训平台成功后，点击进入平台的“个人主页”。

① 本指引由华南师范大学网络中心徐君仪老师提供。

（二）微信企业号

在微信【通讯录】中，找到华南师范大学企业号，也可用微信识别下方二维码进入企业号。

附图3　华南师范大学企业号二维码

附图4　公众号搜索示意图

在应用列表中找到【砺儒实习工作坊】

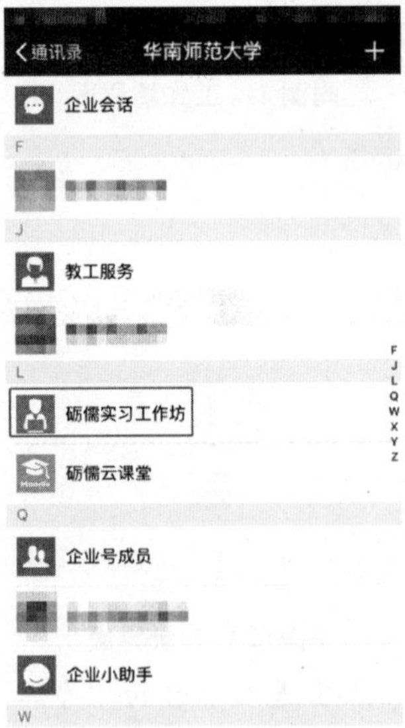

附图5　华南师范大学企业号应用列表

点击进入应用，在下面菜单中，进入工作坊。

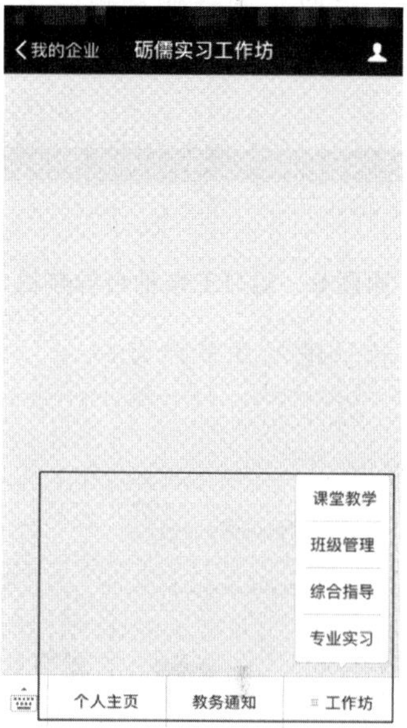

附图 6　工作坊公众号菜单栏

二、操作指南

（一）个人主页

在个人主页中的“课程概览”板块中可以看到自己的已选课程，点击课程名称即能进入相应的课程，课程名称下有该门课程近期需要留意的作业，新添加的讨论区等的提醒。

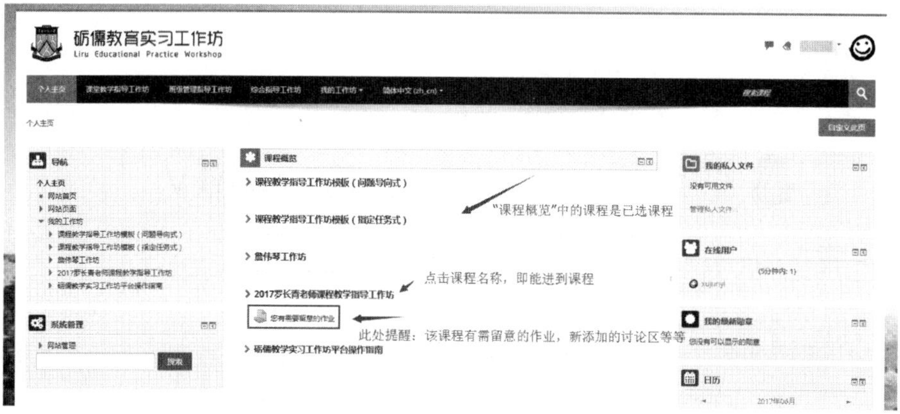

附图 7　工作坊个人主页“课程概览”

（二）观看“砺儒教学实习工作坊平台操作指南”

第一步：点击顶部导航栏的“平台操作指南”，进入课程。

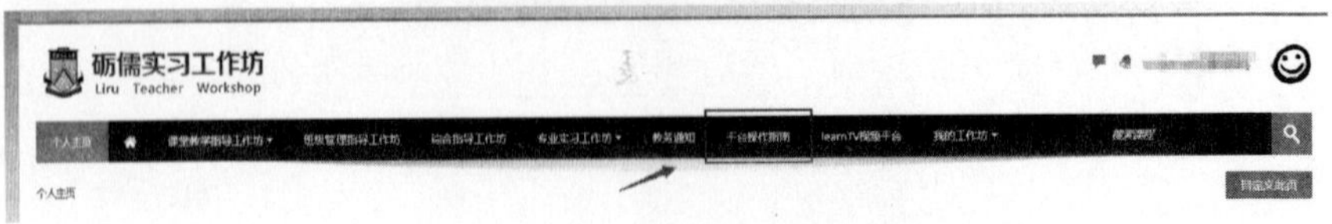

附图8　实习工作平台导航栏

第二步：点击章节名称，进入章节内容。

附图9　工作坊内容快捷入口

第三步：点击活动名称，参与课程活动

附图10　工作坊活动列表

（三）工作坊设计

具体对于工作坊活动的操作，请到“砺儒教学实习工作坊平台操作指南”中观看学习。

此处以添加一个视频为例，向教师展示平台添加活动的规律。

第一步：在课程页面，点击页面右上角“设置”图标，点击“编辑课程”。

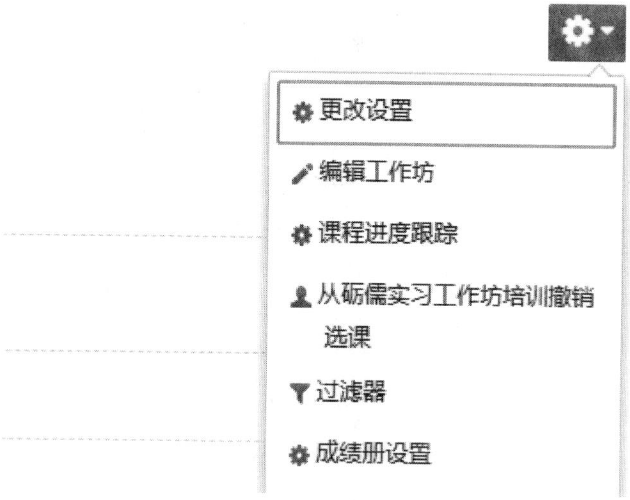

附图 11　工作坊课程设置

第二步：在相对应的章节的右下角，点击“添加一个活动或资源”。

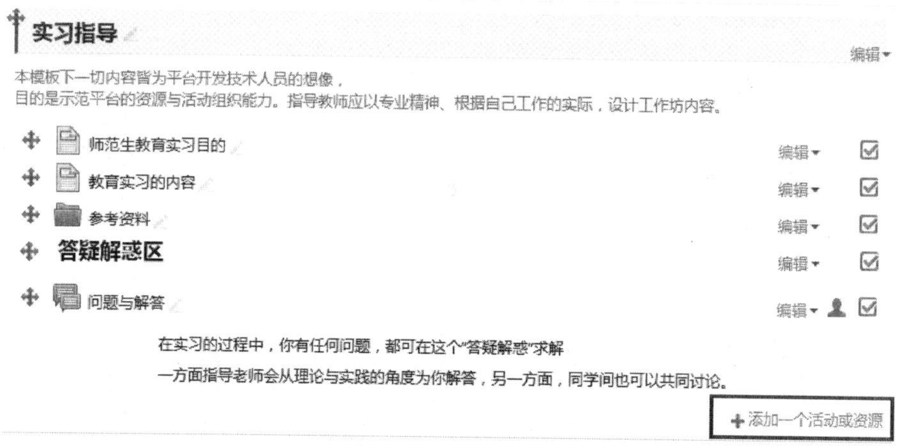

附图 12　章节添加活动或资源

第三步：选择“文件”，点击添加。

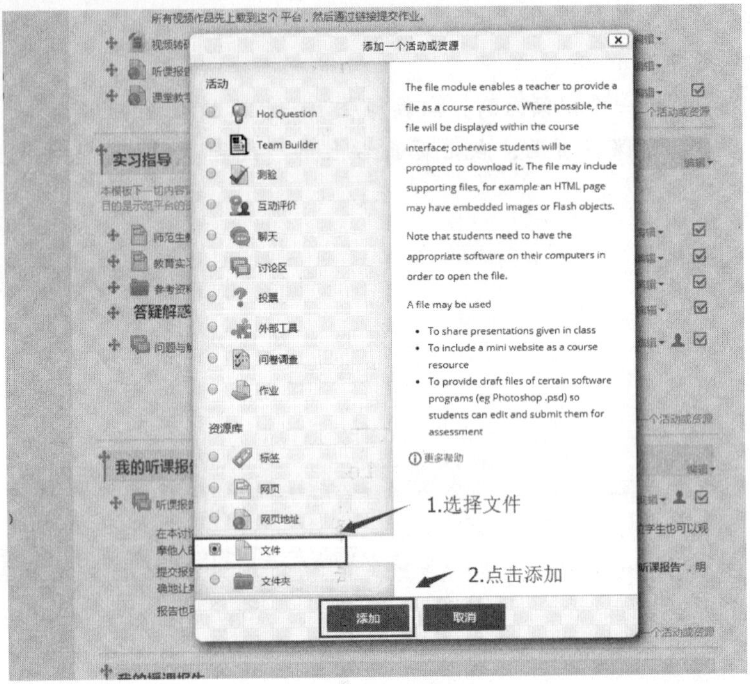

附图 13　添加文件示意

第四步：在新页面中填写文件名称、文件描述、选择是否在课程页面显示描述、上传文件等后，点击“保存并返回课程”。视频在线观看的格式要求是 MP4，编码为 h. 264。建议视频通过 Learn TV 平台分享。

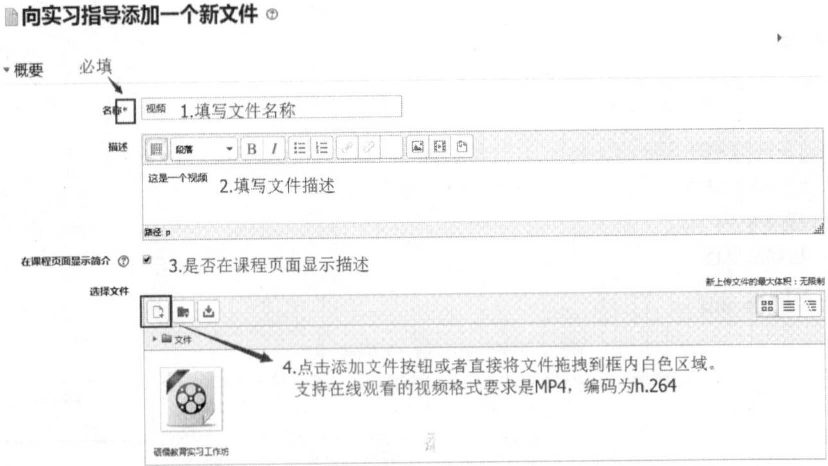

附图 14　添加文件保存界面

（四）添加 Learn TV 视频

第一步：点击“添加一个活动或资源”—创建“网页”，在页面内容文本编辑器选择 panopto 按钮打开引用 Learn TV 视频选择框。

附图 15　添加 Learn TV 视频

第二步：在打开的 Learn TV 视频选择框，点击标签页的“上传”，将视频和音频文件拖放在虚线框中（或者点击选择视频），上传视频，等待上传完毕即可关闭弹框（视频转码完成后才能正常观看）。

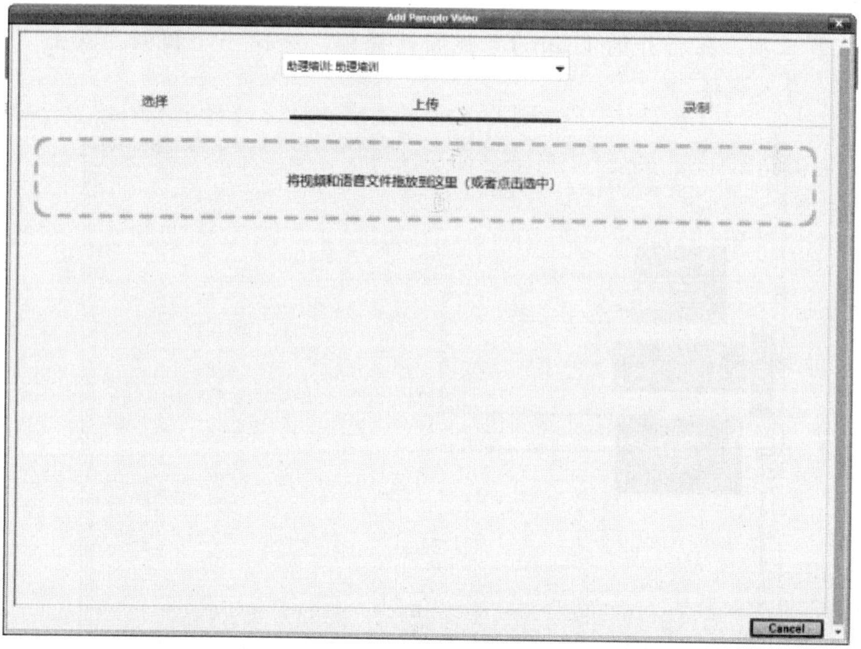

附图 16　添加视频示意图

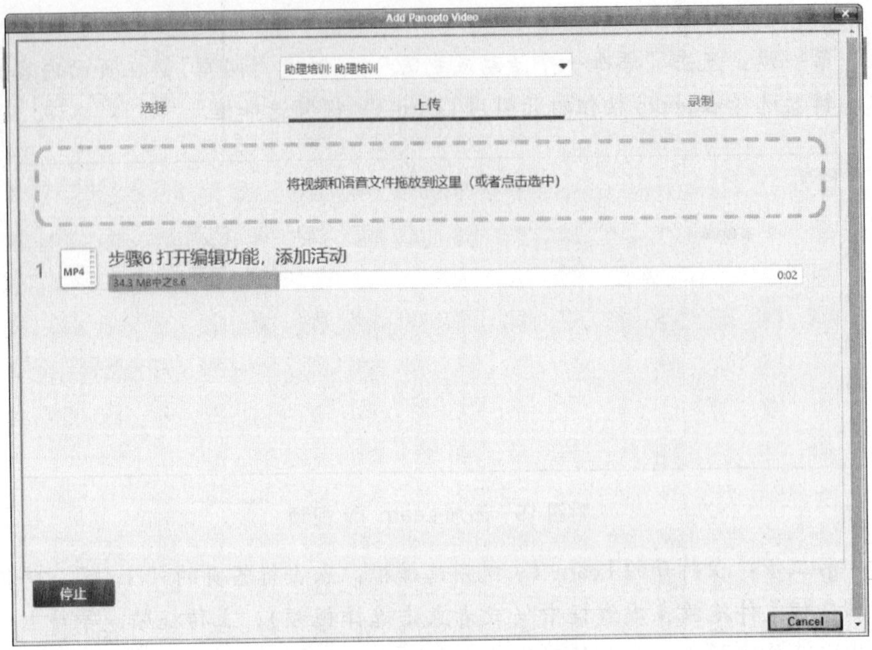

附图 17　添加视频编辑界面

第三步：在打开的 Learn TV 视频选择框，选择一个视频，点击“insert”，导入视频。

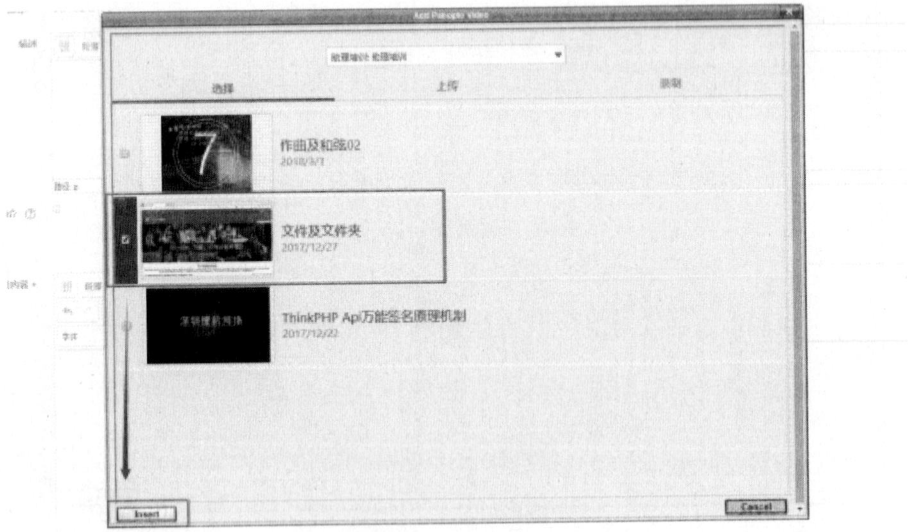

附图 18　导入视频

导入效果图如下。

附图 19　视频导入效果

第四步：保存设置即可。

三、其他注意事项

（一）为体验更流畅的平台，请使用谷歌浏览器、火狐浏览器、360 浏览器（极速模式）、Microsoft Edge 或 Safari 浏览器登录平台。

（二）如遇任何问题可加入华师实习带队指导教师 QQ 群：335639237 咨询。

四、实习工作坊 FAQ

（一）导出学生名单

（1）进入“成绩册设置”。

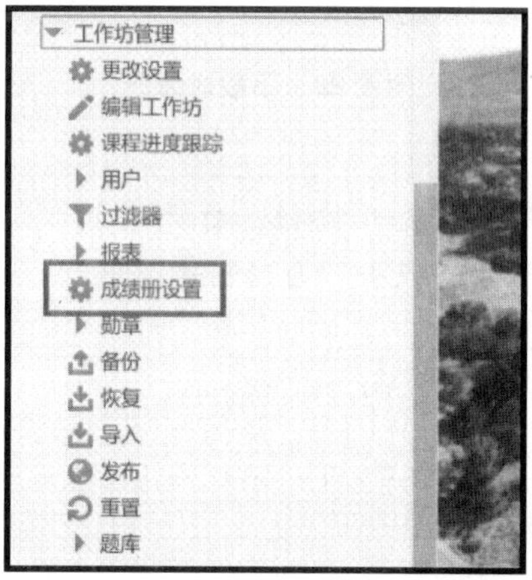

附图 20　成绩册设置

（2）选择“导出”—“Excel 电子表格”。

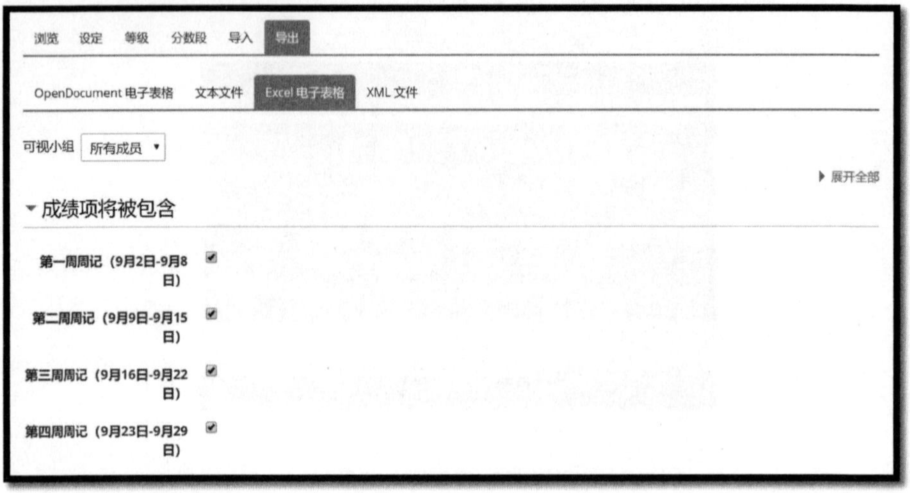

附图 21　导出 Excel 电子表格

（3）点击“下载”。

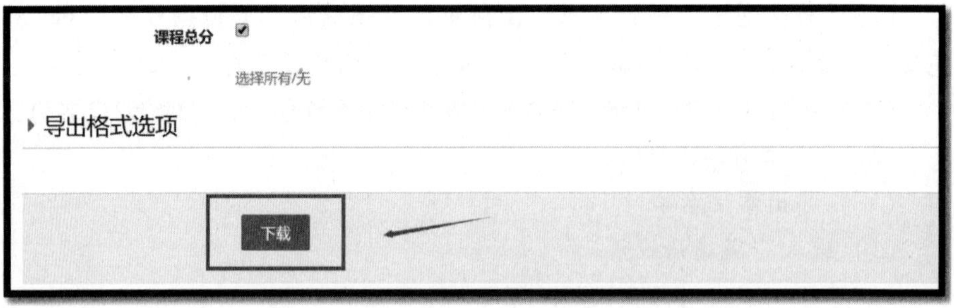

附图 22　下载成绩册

（二）课程分组

（1）点击左上角黄色展开按钮，打开左边侧边栏，在【工作坊管理】—【用户】—小组处，点击“自动创建小组”。

附图 23　创建学习小组

（2）在自动创建小组页面，填写小组数目，点击“提交”按钮。

附图 24　创建学习小组编辑界面

（3）修改小组名称：创建好小组后，在小组设置页，选中左侧小组名称，点击“编辑组设置”按钮，进入小组编辑页面，修改组名后保存即可。

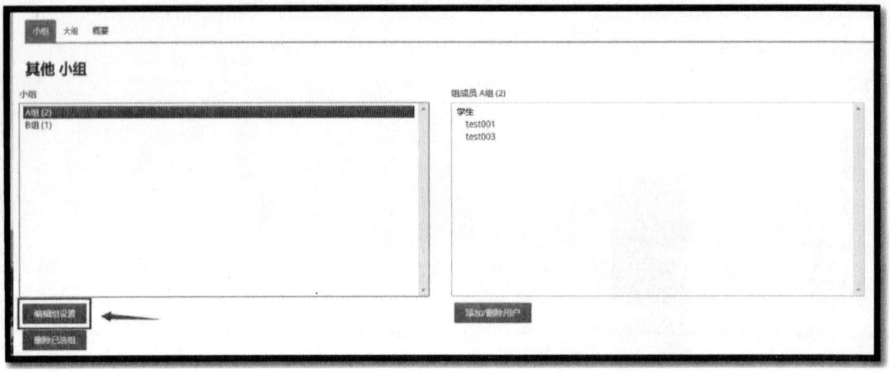

附图 25　学习小组名称编辑

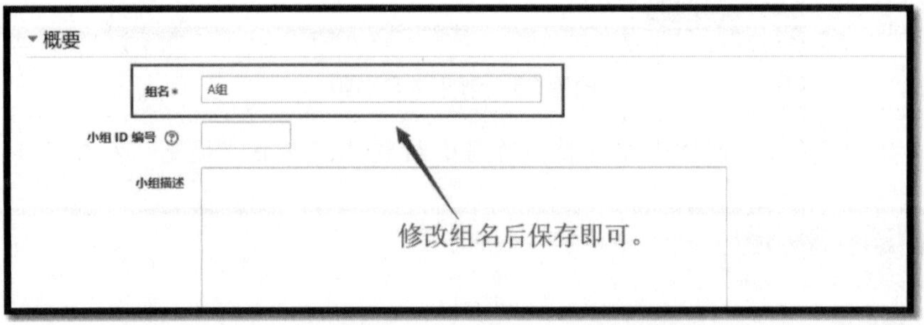

附图 26　保存修改小组名称

（三）分组批改作业

（1）在页面的右侧，点击编辑按钮，在弹框中点击“编辑工作坊”。

附图 27　分组批改作业编辑界面

（2）点击相应作业的右侧“编辑”按钮，在弹框中点击“更改设置”按钮，进入作业设置页。

附图 28　作业设置

（3）在作业设置中的“通用模块设置”—“小组模式”中设置“可视小组”。

附图 29　作业批改的可视小组设置

（4）进入作业详细页，点击“查看所有提交的作业”。

附图 30　查看全部作业操作示意

(5) 在可视小组处选择自己的小组，即可看到自己小组的作业。

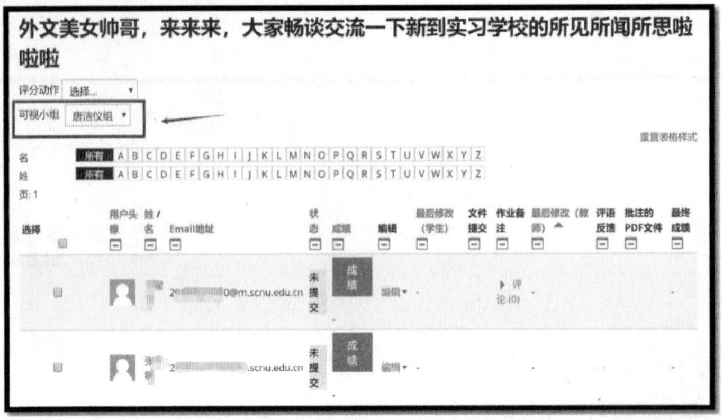

附图 31　可视小组作业预览界面

“砺儒教育实习远程指导工作坊”操作指引（实习生版，201907）

一、登录“砺儒实习工作坊”

为体验更流畅的平台，请使用谷歌浏览器、火狐浏览器、360 浏览器（极速模式）、Microsoft Edge 或 Safari 浏览器登录平台。

一、电脑网页

在浏览器地址栏中输入 http://tws. scnu. edu. cn 即可进入砺儒教育工作坊首页。点击首页右上角登录按钮，在新页面中选择“统一身份认证”方式登录，在新页面中输入校园网账号和密码。校园网账号为一卡通号，初始密码为身份证后 6 位。

附图 32　工作坊登录界面

登录培训平台成功后，点击进入平台的“个人主页”。

（二）微信企业号

在微信【通讯录】中，找到华南师范大学企业号，也可用微信识别下方二维码进入企业号。

附图 33　华南师范大学企业号二维码　　附图 34　企业号搜索界面

在应用列表中找到【砺儒实习工作坊】

附图 35　华南师范大学公众号应用列表

点击进入应用，在下面菜单中，进入工作坊。

附图 36　工作坊公众号菜单栏

二、加入工作坊

（一）先选择相应的工作坊

附图 37　工作坊主页示意

（二）点击进入该课程

附图 38　加入工作坊示意

（三）无须选课密码，点击“将我加入”进入对应的课程

附图 39　工作坊进入界面示意

注：由于每个工作坊指导人数有限，采用先到先得方式，对选择工作坊进行限制。如加入课堂教学指导工作坊后，请等待 1 分钟，系统将自动将你的账号同步到班级管理指导工作坊和综合指导工作坊。

三、开始学习

1. 个人主页

课程概览：可以看到自己的已选课程，点击课程名称即能进入相应的课程，课程名称下有该门课程近期需要留意的作业，新添加的讨论区等的提醒。

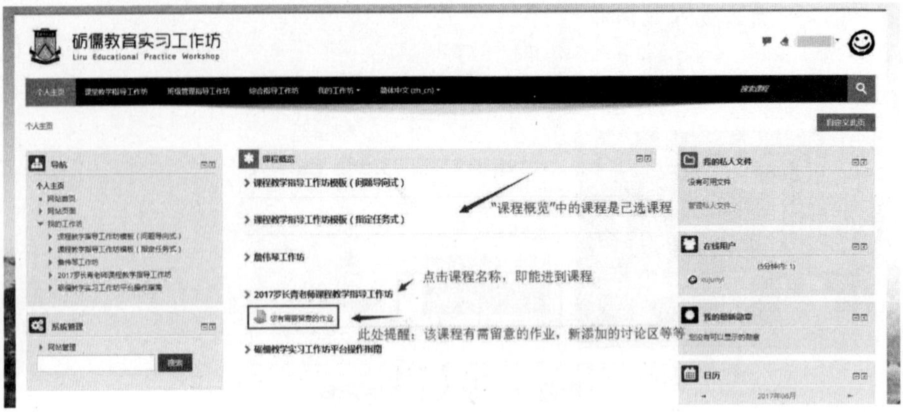

附图 40　工作坊个人主页

2．工作坊学习

课程页面可以看到不同的课程活动，如讨论区、视频观看、作业等等。以“以发帖的形式上传视频作业”为例介绍工作坊学习的过程。

第一步：点击“开启一个新的话题”。

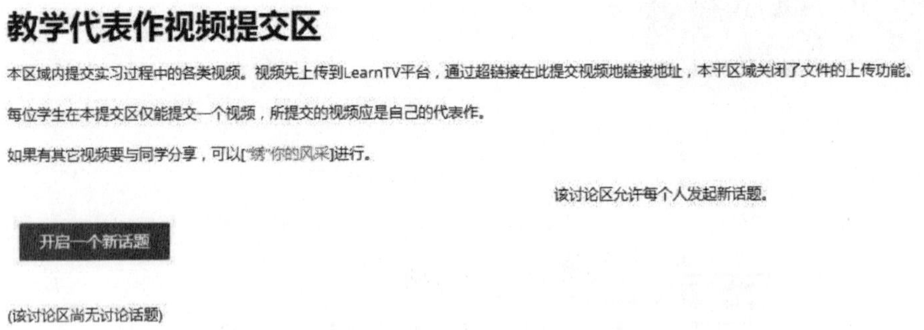

附图 41　上传视频示意

第二步：在页面【正文】文本编辑器选择 panopto 按钮打开引用 Learn TV 视频选择框。

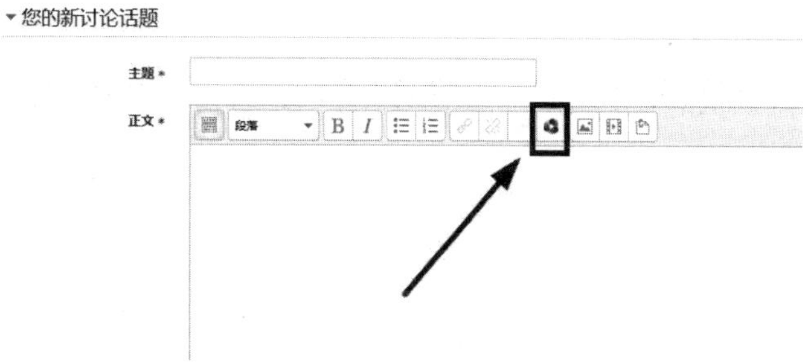

附图 42　Learn TV 选择插入按钮

第三步：在打开的 Learn TV 视频选择框，点击标签页的“上传”，将视频和音频文件拖放在虚线框中（或者点击选择视频），上传视频，等待上传完毕即可关闭弹框（视频转码完成后才能正常观看）。

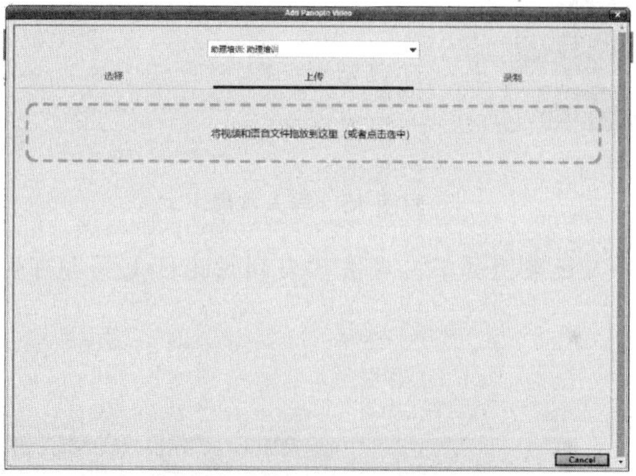

附图 43　上传视频或音频

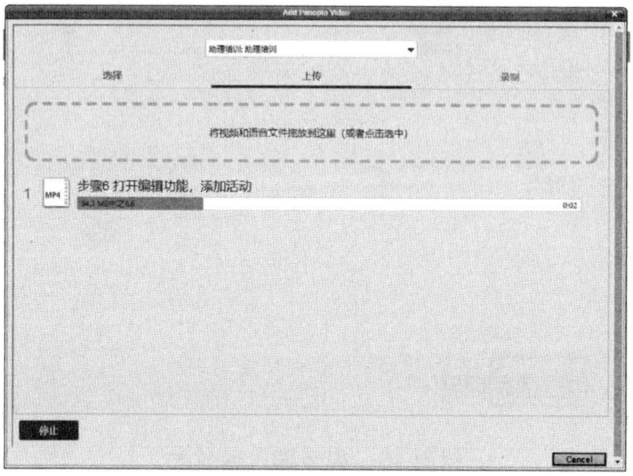

附图 44　正在上传资源

第四步：在打开的 Learn TV 视频选择框，选择一个视频，点击“insert”，导入视频。

附图 45　导入视频

第五步：导入效果图如下，点击“发到讨论区上”即可发帖。

附图 46　视频导入后效果

第六步：最后，所发的话题的回帖将会以邮件通知。

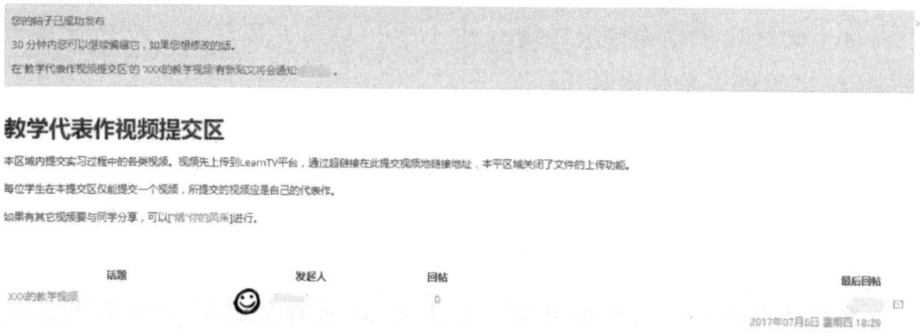

附图 47　发表的话题邮件通知设置

注：如出现无法上传视频，请先登录 https://learntv. scnu. edu. cn.

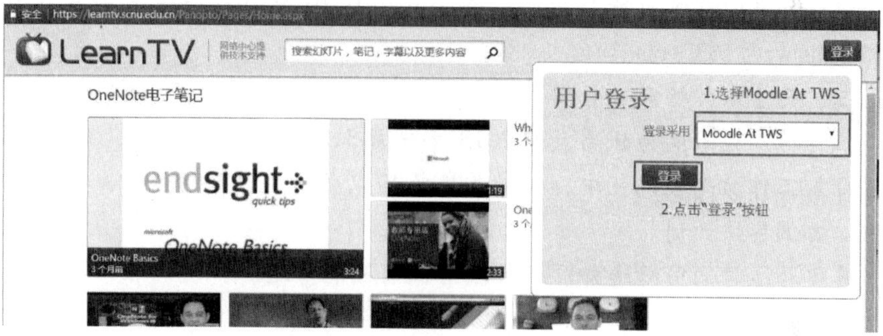

附图 48　Learn TV 操作平台

三、其他注意事项

（1）为体验更流畅的平台，请使用谷歌浏览器、火狐浏览器、360 浏览器（极速模式）、Microsoft Edge 或 Safari 浏览器登录平台。

（2）如遇任何问题可以及时联系我们，邮箱：tws@ scnu. edu. cn.

★工作坊补充说明

关于教育实习远程指导工作坊的相关说明[①]

各有关学院、相关老师：

为让老师们更好地理解工作坊的相关操作，现将有关问题作如下说明：

---

① 此为砺儒实习工作坊发布的工作坊相关说明，起草人：彭上观。

一、关于副坊主的推荐

（1）推荐范围。

副坊主需要从“华南师大—普通中小学”协同发展联盟学校的优秀教师遴选。(联盟学校名单见附件1)

（2）推荐数量。

各位坊主所带学生数由学校根据老师数及学生数统筹安排，推荐的副坊主数量具体见附件2。

（3）推荐方式。

填写副坊主推荐表（见附件3）于7月10日（周二）前发到教务处邮箱 hsjwc@163.com。

二、工作坊分组

目前主要根据教师数、学生数由教务处统筹分组。同时，也鼓励学院自行分组。如果学院需自行分组的，务必在7月10日前将分组名单发到教务处邮箱 hsjwc@163.com。

三、关于工作坊开始时间

工作坊实施时间为9周，即2018年9月3日至11月4日。

目前工作坊尚在调试中，待教务处收集完成坊主、副坊主信息后，与网络中心协调尽快开通。

具体开通时间另行通知。估计在暑假前期能开通。

四、若干建议

（1）在暑假就让所有学生登录平台，熟悉平台相关操作。

（2）在暑假就上传一些对实习生有价值的参考材料，如文档、视频等资料。让实习生登录平台，就能看到自己喜欢的东西。

（3）坊主统筹规划工作坊指导的9周的计划安排，预设与生成相结合。

（4）坊主与副坊主密切互动，有分工，有合作，形成合力，共同做好指导工作。

（5）今年新增了实习生教学实习周记，教师可以通过查阅学生周记，动态掌握和了解实习生的需求，动态调整实习的指导内容和指导策略。

教务处

2018年7月5日

★后期工作说明

关于做好师范生教育实习远程指导工作坊后期相关工作的通知①

各相关工作坊坊主：

本学期实习工作坊的实施时间为2018年9月3日至11月4日（第1~9周）。为扎实推进后期相关工作，切实提高工作坊的针对性和有效性，结合目前部分坊主反馈的情况，现将有关工作通知如下：

一、强化认识，提高工作坊指导的针对性

我校师范生的培养目标是造就未来骨干专家型的卓越教师，扎实有效的实习锻炼是培养过程中的重要环节。实习工作坊是我校为了强化教育实习指导，提高实习质量而推出的一项举措。通过发挥“互联网+”在人才培养中的优势，构建大学教师、中小学教师、师范实习学生三方交互平台，强化师范生教育实习管理与指导，促进师生协同发展。

在工作坊实施过程中，坊主应结合学生的实际情况，提供切实有效的、针对性强的指导，避免仅仅布置一些作业，而没有提供任何实质性的指导。同时，也希望各位坊主提高认识，把开展教育实习远程指导视为促进自身专业发展的契机和途径。

二、灵活多样，加强工作坊指导的有效性

部分坊主充分发挥聪明才智，探索了灵活多样的指导方式，包括：

（1）上传一些优秀资源，供同学们观摩、学习。包括一线课堂教学微课和视频等。

（2）开展一些在线研讨，与同学们研讨实习的困难、感受。

（3）开辟一些讨论区域，让同学们讨论实习的相关问题。

（4）点评一些同学提交的上课视频或PPT，进行点对点指导。

（5）布置一些让学生提交的作业，以任务促进实习效果的提升。

大家可结合自身指导实际有所借鉴、有所创新。

三、加强沟通，确保工作坊信息反馈的及时性

坊主与副坊主的互动，坊主与教务处的沟通，可以通过“华师实习带队指导教师”QQ群（335639237）实时交流，也可以将问题反馈到教务处邮箱hsjwc@163.com，确保工作坊实施过程中出现的问题或者困难能得到有效的解决。

---

① 此为砺儒实习工作坊发布的工作坊后期工作的通知，起草人：彭上观。

四、同步做好实习工作坊的总结工作

（一）关于实习工作坊总结

1. 提交指导报告

总结工作坊开展情况工作。包括工作坊开展的总体情况、实习指导主要做法、成效与特色、问题与建议等。要求不低于3 000字。

2. 汇总整合资源

整合、汇编指导过程中产生的资源。包括整合后的视频资源及目录清单，汇编后的文档资源及目录清单。

（二）关于指导团队自我评价

1. 评价指导团队

各工作坊对本团队开展辅导工作进行简短评价，对本团队的每个副坊主进行简短评价（一两百字以内即可），评价设“优良中差”四个等次。

2. 提供指导团队资料

各工作坊主负责收集本团队的工资号、身份证号、银行账号等相关信息，提交到教务处。涉及后续工作酬金的发放，所提供信息务必准确。

（三）关于参与学生的评价

1. 对学生表现的评价

对参与工作坊的所有学生，从参与度及有效度两个维度综合评定学生的表现，按ABCD四个等次给出评价。该评价将汇总交给学院，纳入实习总成绩评定的考虑因素之一。

2. 提交优秀实习生名单

按参与工作坊学生数的10%，提交优秀实习生名单。

（四）关于提交方式及时间

请各位坊主填写附件1～6，于11月15日前提交到教务处。

联系邮箱：hsjwc@163.com

联系电话：85211335

联系地址：石牌校区行政办公楼209室

（附件1～6请在教务处主页或实习工作坊平台下载，不附文印发）

教务处

2018年10月12日

第三节　实践研习方案

关于印发《华南师范大学2018版师范专业“实践研习”课程实施方案（试行）》的通知[①]

各学院、各部处、各单位：

根据学校2018版本科人才培养方案的要求，“实践研习”是每个师范生必修的非正式课程。为规范课程实施，提升教学质量，现印发《华南师范大学2018版师范专业“实践研习”课程实施方案（试行）》，请遵照执行。

华南师范大学教务处

2019年3月12日

华南师范大学2018版师范专业“实践研习”课程实施方案（试行）

一、课程目的与意义

我校师范生的培养定位为骨干专家型教师。骨干专家型教师伴随学生成长而成就。促进学生有效成长，教师需具有良好的教育理想和信念，怀有对教育事业的热爱之心，具有驾驭学校教育教学工作的知识和能力，具有逾越教育教学挑战的勇气和决心。为此，我们从教育理想、教育信念、教育情感、教育知能和教育意志等方面构建了骨干专家型教师“想、信、爱、能、会”五位一体的要素结构，导引师范生的培养。“五位一体”的要素结构预示着，培养骨干专家型教师，仅有理论学习不够，必须理论学习与教育实践相结合。

实践研习是教育实践的重要组成部分，是指师范生通过开展相关的实践活动进行研究学习的过程。实践研习是沟通理论课程学习与教育实习的重要桥梁，是培养师范生掌握教书育人实践性知识、增强职业认同、形成良好师德师风、逐步具备骨干专家型教师“想、信、爱、能、会”五位一体特质要求的重要途径，是培养师范生服务国家、服务人民、增强社会责任感的重要载体。

① 此为华南师范大学教务处文件（教学〔2019〕13号），起草者：林天伦、彭上观。

二、课程性质与要求

实践研习属于师范专业学生在读期间必须完成的非正式课程。师范生遵循“自主发展”的理念，在教师指导下通过自主训练、同伴互助等形式参加相关实践活动，在实践中深化对理论的理解、增强对职业及对社会发展责任担当的认识，在理解和认识中得以升华。实践研习以项目形式实施，包括项目Ⅰ、项目Ⅱ、项目Ⅲ和项目Ⅳ，项目Ⅰ至项目Ⅲ为必达项目；项目Ⅳ中的“子项目1”中的“班赛”、“子项目2”中的“参加‘互联网+’师生互动学习坊”以及“子项目3”中的“参加志愿活动”是每个师范生的必达项目，其余子项目是选达项目。

师范生通过考评后获得不少于40“小时”（此处的“小时”是我校非正式课程的计量单位，有别于平常所说的“小时”）学习时长。每个师范生获得40“小时”即达到非正式课程的毕业要求。

本方案从2018年秋季入学的师范生起施行。各学院组建“实践研习”课程团队，负责课程建设、实施、考核等。

三、课程内容、考核与实施

（一）项目I：访谈（计3小时）

目标与要求：每位师范生利用大一寒暑假时间自主选择4位教师（其中2位应为校级以上先进/优秀的教师）围绕教育理想、教育信念、教育情感、教育知能、教育意志等五方面展开访谈，并就上述五方面撰写一篇不少于3 000字的访谈心得，对优秀教师与普通教师的特征进行区分，感悟优秀教师特质，为后续学习明确方向，激发动力。

完成时间：大二第一学期开学前。

考评：项目负责教师根据过程表现及访谈心得质量考评学生，确定学生是否通过。通过者获得3小时。

实施单位：各学院。

（二）项目II：见习（计8小时）

“见习”包括观摩和聆听。

1. 观摩

目标与要求：每位师范生通过现场观察（原则上不少于5天）、远程观摩（原则上不少于3天）、观看录像（原则上不少于3天）等形式了解教学设计、课堂教学、课后辅导、说课、观课评课、班级管理、主题班会、家长会、课外活动、教师集会等中小学教育教学实践活动，对作为一个科任教师、一个学生管理者的工作内容和要求等有初步的认识，以便更好地理解和更有效学习教育学、心理学等课程。观摩结束后，每位师范生选择上述一方面或若干方面内容撰写一篇不少于3 000 字的观摩体会。

完成时间：大三第一学期开学前。

考评：项目负责教师根据过程表现及观摩体会质量考评学生，确定学生是否通过。通过者获得6.5 小时。

实施单位：各学院。

2. 聆听

目标与要求：每位师范生通过学校或学院讲坛聆听名校长讲座。

名教师开设的专题讲座共计 6 场次（其中 1 场次是师范生培养概况解读），知悉学校对师范生的培养要求以及领悟名校长/名教师的成长之道。聆听结束后围绕教育理想、信念、情感、知能、意志等五方面或其中一方面撰写一篇不少于3 000 字的听后感。

完成时间：大三第二学期结束前。

考评：项目负责教师根据过程表现及听后感质量考评学生，确定学生是否通过。通过者获得1.5 小时。

实施单位：校级讲座由教务处组织，院级讲座及其他相关工作由学院负责。

（三）项目Ⅲ：演练（计12.5 小时）

“演练”内容包括基本教学素养、基本信息素养和基本艺体素养。

1. 基本教学素养

目标与要求：每位师范生通过听课、自主训练和朋辈互助等方式练就基本教学能力，即通过“三字一画一话”测试。具体而言，通过粉笔字、钢笔字、毛笔字、简笔画测试，通过普通话二级乙等（汉语言文学专业学生通过二级甲等）测试。

完成时间：大三第二学期结束前。

考评：项目负责教师根据学生过程表现、粉笔字、毛笔字和简笔画质量以及是否通过钢笔字和普通话测试（钢笔字和普通话测试不通过的学生视为本子项目不通过）等方面考评学生，确定学生是否通过。通过者获得7.5 小时。

实施单位：钢笔字和普通话测试由教务处组织，其他活动由学院负责。

2. 基本信息素养

目标与要求：每位师范生通过听课、自主训练和朋辈互助等方式学会制作多媒体课件一个和使用多媒体平台进行教学一次。

完成时间：大三第二学期结束前。

考评：项目负责教师根据表现考评学生，确定学生是否通过。通过者获得2小时。

实施单位：各学院。

3. 基本艺体素养

目标与要求：每位师范生通过观看录像、自主训练和朋辈互助等方式掌握基本艺体素养，达到“131”要求，即独立清唱国歌、具备“体育类、艺术类、综合类”“三类”中每一类的一项技能。

注：◆“体育类”指球类、游泳类等；“艺术类”指舞蹈类、音乐类等；“综合类”指魔术类、人工智能、手工制作等。

◆体育、音乐、舞蹈、美术专业学生的上述“三类”技能的“小时”，由他们通过开展朋辈教育即他们对其他专业学生进行相关技能培养而获得。

完成时间：大三第二学期结束前。考评：项目负责教师带上具有相关项目判断能力的学生对本院学生开展考评学生，根据被考评学生表现确定是否通过。通过者获得3小时。

实施单位：各学院。

（四）项目Ⅳ：创新（不少于16.5小时）

“创新”包括五个子项目：参加教学技能竞赛、参加“互联网+”师生互动学习坊、参加志愿活动、国际交流和其他。

师范生通过参加活动做到学以致用，在应用中实现创新，从而提升教育教学能力，增强服务国家、服务人民、服务教育的责任担当。

子项目1：参加教学技能竞赛

目标与要求：师范生通过参加教学技能竞赛，把理论应用于实践，通过实践掌握及提升驾驭课堂的能力。教学技能竞赛包括校内“三赛”（“为了明天”师范生课堂教学优秀奖评奖活动、师范生课件制作大赛和师范生基本技能竞赛），以及省级以上教学技能竞赛。校内“三赛”的每赛分班赛、院赛和校赛。每个师范生必须参加“三赛”中班赛的各赛。

时长计算：“三赛”中的班赛共计3小时。

完成时间：班赛、院赛和校赛在大三第二学期结束前，其他赛在大四第二学期3月底前。

考评：项目负责教师根据学生是否参加校内“三赛”中“班赛”的各赛考评学生，确定学生是否通过。通过者获得3小时。教师根据学生是否参加其他比赛赋予其相应的时长，其中院赛每赛计1小时，校赛每赛计1小时，省赛每赛计3小时，国赛每赛计4小时。

实施单位：校赛由教务处组织、非学会组织的省赛、国赛由教务处协助组织；其他活动由学院负责。

子项目2：参加“互联网+”师生互动学习坊

目标与要求：“互联网+”师生互动学习坊由大学教师、中小学名师以及师范生组成。每位师范生入学即进入“互联网+”师生互动学习坊，与大学教师、中小学名师一起围绕教育理想、信念、情感、知能、意志等主题开展对话、实践，通过对话形成共识，经过实践达致养成。同时，学生把演练、微格教学、教育实习过程中产生的问题寻求教师释疑，拍录微格教学的视频（3个，每个时长15分钟）以及教育实习的视频（1个，时长10分钟）发给教师评阅。

时长计算：计8小时。完成时间：微格教学视频的拍录与评阅在大三第二学期结束前完成，其他活动在大四第二学期3月底结束。

考评：项目负责教师根据学生参加“互联网+”师生互动学习坊的表现以及学生微格教学、教育实习的视频考评学生，确定学生是否通过。通过者获得8小时。

实施单位：各学院。

子项目3：参加志愿活动

目标与要求：每位师范生均需参加志愿活动，获得时长不少于3小时。师范生通过发挥专业知识优势开展社区服务、支教服务或参加义工活动，增强其服务国家服务人民的社会责任感。活动结束后撰写一篇不少于3 000字的心得体会。

时长计算：每参加一天活动计0.5小时，撰写心得体会计0.5小时。

完成时间：大四第二学期3月底前。

考评：项目负责教师根据学生是否达到参加志愿活动的时长、表现及心得体会质量考评学生，确定学生是否通过。通过者获得3小时。在此基础上，根据学生参加志愿活动的实际赋予其相应时长。

实施单位：各学院

子项目4：国际交流

子项目5：其他

子项目4和子项目5按照非正式课程要求执行。

详情如附表1所示。

附表1 实践研习课程简表

项目	子项目	通过可获得时长（小时）	项目性质
项目Ⅰ：访谈	访谈	3	必达
项目Ⅱ：见习	1. 观摩	6.5	必达
	2. 聆听	1.5	必达
项目Ⅲ：演练	1. 基本教学素养	7.5	必达
	2. 基本信息素养	2	必达
	3. 基本艺体素养	3	必达
项目Ⅳ：创新	1. 参加教学技能竞赛	班赛计3小时，其他按实际计时	班赛为必达，其他为选达
	2. 参加“互联网+”师生互动学习坊	8	必达
	3. 参加志愿活动	3	必达
	4. 国际交流	按非正式课程要求执行	选达
	5. 其他	按非正式课程要求执行	选达

第四节　兼职导师方案

关于印发《华南师范大学本科师范生兼职导师建设工作方案（试行）》的通知[①]

各学院、各部处、各单位：

现将《华南师范大学本科师范生兼职导师建设工作方案（试行）》印发给你们，请遵照执行。

华南师范大学教务处
2019年12月12日

① 此为华南师范大学教务处文件（教学〔2019〕98号），起草者：彭上观。

华南师范大学本科师范生兼职导师建设工作方案（试行）

我校从2018年秋季起建立“互联网+师生互动学习坊”（简称“学习坊”），“学习坊”由大学教师、中小学名师和本科师范生组成，对师范生的培养取得了初步成效。“学习坊”实施“双导师制”，即每个本科师范生配备一名校内导师，一名校外兼职导师。其中，校外兼职导师从“华南师大—中小学”协同发展联盟中选聘。现就本科师范生兼职导师（简称“兼职导师”）建设工作提出如下方案。

一、目的意义

（一）完善课程培养体系需要

在学校2018版师范人才培养方案中，有部分课程是需要兼职本科生导师协同来完成的，包括理论课程如师德养成与班级管理、学科课程与教学论等；教师教育类实践课程如教育实习和贯穿四年的实践研习，以及各类技能考评、专题讲座等，根据课程性质和需求，全部或者部分需要兼职本科生导师的参与建设。

（二）师范生成长的内在需要

为了让师范生的成长更加切合基础教育课程改革一线的需求，吸纳中小学一线优秀教师的鲜活经验和案例，加强与“华南师大—中小学”协同发展联盟的协同育人，对师范生专业成长，对促进教师教育职前职后一体化具有重要意义。

（三）国家师范类专业认证需要

根据国家师范类专业认证的要求，“兼职教师占教师教育课程教师比例不低于20%”。建设一批稳定的高水平的兼职的教师教育课程教师是专业建设的需要。广东新师范建设方案提出师范院校需要在“确定培养目标、设计课程体系、组织教学团队、建设实践基地、开展教学研究”等强化与中小学校的协同合作。

二、推荐要求

（一）推荐范围及数量

在“华南师大—中小学”协同发展联盟中推荐。每个聘期每个联盟学校每个学科推荐3~5名候选老师。

（二）兼职导师资格条件

（1）事业心、责任心强。

（2）教育教学理念先进、富有改革意识和行为。

（3）中级职称的教师年龄在30岁以下；高级职称的教师年龄不超过56岁。

（4）获得校级以上荣誉的教师优先考虑。

（三）推荐程序

（1）推荐：联盟学校向教务处推荐候选导师。

（2）汇总：教务处分科目汇总后发相关学院。

（3）遴选：相关学院根据候选教师资历和师范生培养需求遴选兼职导师。

（4）审定：教务处协同人事处审定后，聘任兼职本科生导师。

三、主要职责

（一）兼职导师主要职责

（1）线上线下师范生培养的指导。

（2）教师教育相关课程的建设或授课。

（3）开设专题讲座。

（4）开展教育和教学改革研究。

（5）参加师范生教学技能考评。

（二）兼职导师工作对接

（1）学校层面工作由教务处对接。

涉及学校层面与协同发展联盟学校对接的工作，由教务处负责。

（2）学院层面工作由各相关学院对接。

涉及具体学科相关教育教学、专题讲座、技能考评等组织，由相关学院与相关的兼职导师联系。

四、保障措施

（一）颁发聘书

经教务处和人事处审定的兼职导师，将正式获聘为我校“本科师范生兼职导师”，并获颁本科生兼职导师聘书。

（二）支付课酬

兼职导师的报酬，将根据学校《关于印发〈华南师范大学卓越教师培养（含教育实习）专项经费暂行办法〉的通知》（华师〔2019〕158号）等相关规定，根据兼职导师的实际工作支付课酬。

第五节　协同发展联盟

“华南师大—中小学”协同发展联盟从2014年3月启动建设，以5年为一个建设周期。2019年5月启动第二期建设，截至2019年12月已加盟学校154所（不含华附联盟学校）。协同发展联盟学校是混合式教育实习模式中师范生教育实习的实践基地，也是模式中中小学教师的来源学校，也是正在推进的“实践研习”的依托基地和指导教师的来源学校。协同发展联盟在师范教育改革中具有重要的战略地位，也是促进师范大学与联盟学校协同发展的重要载体。

附表 2　“华南师大—中小学”协同发展联盟加盟学校一览表（截至 2019 年 12 月）

序号	地区	学校名称
1	潮州市	潮州市高级中学
2	东莞市	东莞市常平中学
3	东莞市	东莞市第四高级中学
4	东莞市	东莞市第一中学
5	东莞市	东莞市东莞中学
6	东莞市	东莞市东莞中学南城学校
7	东莞市	东莞市东莞中学松山湖学校
8	东莞市	东莞市东华高级中学
9	东莞市	东莞市厚街湖景中学
10	东莞市	东莞市石龙第二中学
11	东莞市	东莞市石龙中学
12	东莞市	东莞市长安实验中学
13	佛山市	佛山市第一中学
14	佛山市	佛山市南海区九江镇初级中学
15	佛山市	佛山市南海区九江中学
16	佛山市	佛山市南海区南海实验中学
17	佛山市	佛山市南海区南海中学
18	佛山市	佛山市南海区石门实验中学
19	佛山市	佛山市南海区石门中学
20	佛山市	佛山市三水区三水中学
21	佛山市	佛山市顺德区第一中学
22	佛山市	佛山市顺德区华侨中学
23	佛山市	佛山市顺德区均安中学
24	佛山市	佛山市顺德区乐从中学
25	佛山市	南海区信息技术学校

续上表

序号	地区	学校名称
26	广州市	东方红幼儿园
27	广州市	广东广雅中学
28	广州市	广东华侨中学
29	广州市	广东省电子职业技术学校
30	广州市	广东实验中学
31	广州市	广东仲元中学
32	广州市	广州大同中学
33	广州市	广州大学附属中学
34	广州市	广州市从化区从化中学
35	广州市	广州市从化区第六中学
36	广州市	广州市第二中学
37	广州市	广州市第六十五中学
38	广州市	广州市第六中学
39	广州市	广州市第五中学
40	广州市	广州市第一一三中学
41	广州市	广州市番禺区石碁中学
42	广州市	广州市番禺区市桥桥城中学
43	广州市	广州市启聪学校
44	广州市	广州市天河区华阳小学
45	广州市	广州市天河区汇景实验学校
46	广州市	广州市天河外国语学校
47	广州市	广州市铁一中学
48	广州市	广州市象贤中学
49	广州市	广州市协和小学
50	广州市	广州市协和中学
51	广州市	广州市越秀区东风西路小学
52	广州市	广州市越秀区育才实验学校

续上表

序号	地区	学校名称
53	广州市	广州市增城区荔城中学
54	广州市	广州市长兴中学
55	广州市	广州市真光中学
56	广州市	广州市执信中学
57	广州市	广州天河中学
58	广州市	广州中学
59	广州市	华南师范大学附属小学
60	广州市	华南师范大学附属中学
61	广州市	华南师范大学附属幼儿园
62	广州市	天河区天府路小学
63	广州市	天河区侨乐小学
64	广州市	华南师范大学附属南沙中学
65	广州市	番禺区香江育才实验学校
66	河源市	紫金县紫金中学
67	河源市	和平县福和高级中学
68	惠州市	华南师范大学附属龙门学校
69	惠州市	博罗县博罗中学
70	惠州市	惠东县惠东中学
71	惠州市	惠州市第一中学
72	惠州市	惠州市华罗庚中学
73	惠州市	惠州市惠阳高级中学实验学校
74	惠州市	惠州中学
75	江门市	台山市台师高级中学
76	江门市	鹤山市第一中学
77	江门市	江门市第一中学
78	江门市	江门市培英高级中学
79	江门市	江门市新会陈经纶中学

续上表

序号	地区	学校名称
80	江门市	江门市新会第一中学
81	江门市	开平市教伦中学
82	江门市	开平市第一中学
83	江门市	台山市第一中学
84	揭阳市	揭西县河婆中学
85	揭阳市	揭阳第一中学
86	茂名市	广东高州中学
87	茂名市	化州市第一中学
88	茂名市	茂名市第一中学
89	茂名市	信宜市信宜中学
90	梅州市	丰顺县丰顺中学
91	梅州市	广东梅县东山中学
92	梅州市	梅州市梅江区梅州中学
93	梅州市	蕉岭县蕉岭中学
94	梅州市	梅州市曾宪梓中学
95	梅州市	五华县水寨中学
96	清远市	清远市第一中学
97	汕头市	汕头市潮阳实验学校
98	汕头市	汕头市潮阳实验学校（初中部）
99	汕头市	汕头市达濠华侨中学
100	汕头市	汕头市聿怀中学
101	汕尾市	华南师范大学附属中学汕尾学校
102	汕尾市	陆丰市甲子中学
103	汕尾市	陆丰市林启恩纪念中学
104	韶关市	广东北江中学
105	韶关市	广东南雄中学
106	韶关市	始兴县始兴中学

续上表

序号	地区	学校名称
107	韶关市	韶关市曲江区曲江中学
108	韶关市	始兴县风度中学
109	韶关市	乐昌市第一中学
110	韶关市	南雄市第一中学
111	韶关市	韶关市第一中学
112	韶关市	韶关市田家炳中学
113	韶关市	新丰县第一中学
114	深圳市	深圳宝安第一外国语学校
115	深圳市	深圳市宝安中学
116	深圳市	深圳市翠园中学
117	深圳市	深圳市观澜第二中学
118	深圳市	深圳市观澜中学
119	深圳市	深圳市龙岗区横岗中学
120	深圳市	深圳小学
121	阳江市	阳春市第一中学
122	阳江市	阳江市第一中学
123	阳江市	阳江市阳东区第一中学
124	云浮市	云浮市邓发纪念中学
125	云浮市	新兴县华侨中学
126	云浮市	罗定实验中学
127	云浮市	罗定中学
128	云浮市	罗定中学城东学校
129	云浮市	新兴县第一中学
130	云浮市	新兴县惠能中学
131	云浮市	郁南县蔡朝焜纪念中学
132	云浮市	云浮市云浮中学
133	湛江市	廉江市廉江中学

续上表

序号	地区	学校名称
134	湛江市	吴川市第一中学
135	湛江市	湛江第一中学
136	湛江市	湛江市第二中学
137	湛江市	湛江市第四中学
138	湛江市	湛江市坡头区爱周中学
139	湛江市	湛江市坡头区第一中学
140	肇庆市	德庆县香山中学
141	肇庆市	广东肇庆中学
142	肇庆市	广宁县广宁中学
143	肇庆市	怀集县第一中学
144	肇庆市	肇庆市第一中学
145	肇庆市	肇庆市端州中学
146	肇庆市	肇庆市高要区第二中学
147	肇庆市	肇庆市高要区第一中学
148	肇庆市	肇庆新区实验学校
149	中山市	华南师范大学中山附属中学
150	中山市	中山市特殊教育学校
151	中山市	中山市小榄中学（中山市外国语学校）
152	中山市	中山市中山纪念中学
153	珠海市	珠海市第七中学
154	珠海市	珠海市斗门区和风中学

后　记

混合式教育实习模式能发展到现在的样子，最应该感谢的是华南师范大学副校长沈文淮教授。从混合式教育实习模式最初的创意，到实施方案的起草，再到实习工作坊平台的构建与完善，争取学校配套经费的支持，工作坊的动员部署，工作坊的问题协调与推进等，无不饱含了沈教授的智慧和汗水。在此，对沈教授表示衷心的谢意。

2015 年沈教授在听取学校网络教育学院汇报工作时，了解到网络教育学院在开展教师培训中采用的“教师工作坊”做法及其成效后表示高度认可，并及时将相关做法传达给我们，认为可以将“工作坊”的做法移植到我们的教育实习混合编队工作中，以强化混合编队实习中的大学教师学科指导作用。他亲自带领我们到网络教育学院部署开展实习工作坊的试点工作。2016 年首次试点平台由网络教育学院与校外公司共同开发；2017 年起，转由网络中心依托基于 Moodle 技术的砺儒云课堂平台，自主研发“砺儒实习工作坊”平台，该平台包含师范生教育实习和非师范生专业实习两大功能模块。本书主要论述师范生教育实习模块。

作为混合式教育实习模式工作开展的实践者，我们结合 2015 年校级教学改革项目“教师教育实践新模式的研究”，在实践中不断思考，逐步提炼。从最初的“教师工作坊”，到“实习工作坊”，再到“教育实习远程指导工作坊”，以及“混合式教育实习模式”的提出，到试点，到全面铺开，前后历经了 4 年的时间。其间，分管校领导、教务处同仁等给了很多扎实有效的指点和帮忙。本研究相继以“教育实习远程指导模式”和“混合式教育实习模式”为主要内容，获得广东省本科高校教育教学改革项目、广东省教育科学规划课题的立项，让研究得到进一步的拓展与深化。

混合式教育实习模式的推行，并非一帆风顺，甚至有学生在“知乎”上发表了一些不同的看法，采取了一些不合作行动，但最终获得了相关师生的认可。师生们从开始的不理解、抗拒、观望，到理解，再到积极投入、参与混合式教育实习模式的学习和互动，以及认可、赞赏，这期间也经历了一些沟通磨合的过程。

感谢各师范专业相关学院的教学副院长、各位坊主及副坊主、学生助理，以及参与模式学习的各位师范生，是你们的鼎力协助和积极参与，才成就了混合式教育实习模式的今天。特别是本书第四章实习工作坊相关案例的提供者赵艺、王瑞珍、梁丽红、黄喜珊、刘录护等坊主及其指导团队，“教学实习周记选编”的周记撰写者，他们都是本书的作者之一。感谢混合式教育实习模式的各位亲历者和实践者，由于篇幅所限，贡献者难免挂一漏万，在此一并致谢。

感谢网络中心和网络教育学院，特别是林南晖主任和许晓艺院长，是你们及你们领导的团队提供了混合式教育实习模式所需要的技术平台和技术保障，让混合式教育实习模式得以顺利开展。

本研究只是做了初步的探索，希望能抛砖引玉，给师范教育的同行以借鉴和启发。期待未来有更多的学校师生支持和采用，让我们共同努力，提高师范生的教育实践能力，从而为提升教师教育培养质量，造就新时代大国良师贡献各自的智慧和力量。

彭上观　林天伦　熊建文
2020 年 2 月 10 日